David Heinrich Müller

Epigraphische Denkmäler aus Abessinien

David Heinrich Müller

Epigraphische Denkmäler aus Abessinien

ISBN/EAN: 9783744630894

Hergestellt in Europa, USA, Kanada, Australien, Japan

Cover: Foto ©ninafisch / pixelio.de

Weitere Bücher finden Sie auf **www.hansebooks.com**

III.

EPIGRAPHISCHE DENKMÄLER AUS ABESSINIEN

NACH ABKLATSCHEN VON J. THEODORE BENT ESQ.

VON

PROF. DR. D. H. MÜLLER.

MIT VIER LICHTDRUCKTAFELN UND EINER SCHRIFTTAFEL.

VORGELEGT IN DER SITZUNG AM 18. OCTOBER 1893.

Vorwort.

Erst im Jahre 1892 hat J. Theodor Bent über seine Entdeckungen und Forschungen in Südostafrika eine sehr lichtvolle und gründliche Arbeit veröffentlicht, in welcher er die Ruinenstädte des Mashonalandes beschreibt, die Sabäer als die Urheber dieser grossartigen Bauten vermuthet und es sehr wahrscheinlich macht, dass das Mashonaland die Hauptbezugsquelle des arabischen Goldes war, und nun ist er im Begriffe, die Schilderung einer zweiten Forschungsreise zu publiciren, die er in den ersten Monaten dieses Jahres in Abessinien gemacht hat. Er hatte auf dieser Reise mit allerlei Hindernissen zu kämpfen, erzielte aber trotzdem äusserst werthvolle und bedeutende Resultate. Am 7. Januar 1893 brach er von Massauwa auf, wurde aber wegen der Kämpfe zwischen den beiden abessinischen Häuptlingen Ras Alula und Ras Mangashat von dem Gouverneur der italienischen Colonie mehrere Wochen abgehalten, nach Aksum vorzudringen. Er verblieb in Asmara drei Wochen, in deren Umgegend er verschiedene Excursionen gemacht hat. Am 6. Februar verliess er Asmara und langte in Adowa am 13. desselben Monats an. Nach einem dreitägigen Aufenthalt daselbst wurde ein Ausflug nach Yeha unternommen, wo zwei Tage mit Aufnahmen und Vermessungen verbracht worden sind. Nach Adowa zurückgekehrt, hörte er hier von dem Wiederausbruche der Feindseligkeiten zwischen den beiden Häuptlingen, die den Besuch von Aksum als ein sehr gefährliches Unternehmen erscheinen liessen. Trotzdem entschloss er sich, nach Aksum zu gehen, und verblieb daselbst vom 21. Februar bis zum 2. März, an welchem Tage er vor dem heranmahenden feindlichen Heere mit dem italienischen Residenten in Adowa fliehen musste. Aus dieser gefährlichen Lage, in der sie einige peinvolle Tage zubrachten, wurden sie durch ein Detachement italienischer Truppen befreit. Auf der Rückkehr passirte Bent Digsa und Halai und besuchte das Hochplateau von Kohaito, wo das alte Koloë gelegen war. Hier verweilte er zwei Tage und kehrte, nachdem er noch Adulis besucht hat, nach Massauwa zurück, wo er am 26. März anlangte.

In einem Briefe vom 28. April machte mir Herr Bent den Antrag, das von ihm gesammelte epigraphische Material zu publiciren. Ich erklärte mich natürlich sofort bereit, die ehrenvolle Aufgabe zu übernehmen. Am 19. Mai kamen die Abklatsche hier an, und seither habe ich mich ununterbrochen mit der Entzifferung und Erklärung dieser überaus kostbaren Denkmäler beschäftigt. Das Resultat dieser Arbeit habe ich die Ehre, hiermit der kaiserlichen Akademie vorzulegen.

Die Inschriften, von denen durchwegs vorzügliche Abklatsche vorliegen, stammen aus Aksum und Yeha. Eine kurze, aber äusserst interessante Beschreibung dieser beiden Fundstätten ist dieser Abhandlung aus der Feder Bent's beigegeben. Die Inschriftfragmente aus Yeha, zum Theil schon durch Copien Salt's und Anderer bekannt, sind in sabäischer Schrift und Sprache abgefasst. Die Schrift zeigt die ältesten Formen des sabäischen Alphabetes und gehört gewiss der ersten Periode sabäischer Geschichte, der Mukrab-Periode, an. Die Ruinen von Yeha sind, wie Herr Bent mit Recht hervorhebt, sabäischen Ursprunges, und die Colonisirung Abessiniens durch Sabäer hat also, nach Bauten und Inschriften zu urtheilen, etwa um 1000 v. Chr. stattgefunden.

Die Denkmäler von Aksum dagegen stammen aus viel späterer Zeit und veranschaulichen documentarisch die Umwandlung des Sabäischen ins Aethiopische. Wir können den sprach- und schriftgeschichtlichen Process genau verfolgen. In erster Reihe kommt die Bilinguis von Aksum (aus der Mitte des 4. Jahrhunderts n. Chr.) in Betracht, deren griechischer Text von Salt zweimal copirt und im CIG publicirt worden ist. Trotz sorgfältiger Copie und Publication bietet der Abklatsch eine Reihe von wichtigen und lehrreichen Varianten. Von der altäthiopischen Inschrift auf der Rückseite der Tafel waren von Salt nur wenige und unsichere Zeichen copirt worden. Der Abklatsch macht es möglich, mit Hilfe der griechischen Uebersetzung einen grossen Theil des altäthiopischen Textes zu lesen und zu übersetzen. Die Inschrift ist von rechts nach links in einem jüngeren sabäischen Alphabete geschrieben und zeigt in Bezug auf die Sprache noch alterthümliche Formen und Bildungen, die dem späteren Aethiopisch vollständig abhanden gekommen sind.

Von Bent ganz neu entdeckt ist eine neunundzwanzigzeilige Königsinschrift des Ela-'Amida, welche ebenfalls in sabäischer Schrift linksläufig und in einem älteren Aethiopisch abgefasst ist. Sie ist deshalb von ganz besonderer Wichtigkeit, weil sie von dem Vater des Stifters der beiden Geez-Inschriften von Aksum herzurühren scheint.

Die beiden sogenannten Rüppell'schen Inschriften von Aksum, welche die ältesten Denkmäler der Geez-Sprache in der neuen rechtsläufigen Vocalschrift sind, lagen in ziemlich schlechten Copien vor, und trotz Gelehrsamkeit und Scharfsinn, welche auf die Entzifferung derselben verwendet worden waren, blieben sie an vielen Stellen noch unlesbar und boten nur eine unsichere Basis für die Erforschung der alten äthiopischen Schrift und Sprache. Bei dem Umstande, dass diese Inschriften um etwa acht Jahrhunderte älter sind als die ältesten äthiopischen Handschriften, wird man leicht ihren Werth und ihre Bedeutung ermessen können. Durch die Abklatsche ist es möglich, bis auf wenige Lücken den authentischen Text herzustellen, und auf Grund dieses neuen und vortrefflichen Materiales habe ich es versucht, in dem Abschnitte ‚Schrift und Sprache' die Entwicklungsgeschichte des Aethiopischen zu skizziren.

Von den weiteren kleinen Inschriften sei hier nur die von Salt facsimilirte zweizeilige Inschrift auf der Basis eines Altares in der Kirche von Aksum hervorgehoben, die ursprünglich für griechisch gehalten worden, in Wirklichkeit aber äthiopisch ist.

In einer Arbeit, die alle inschriftlichen Denkmäler enthält, welche sich auf die älteste Geschichte Aksums beziehen, durfte das Monumentum Adulitanum, welches gewissermassen die Gründungsurkunde des aksumitischen Reiches bildet, umsoweniger fehlen, als erst in jüngster Zeit gegen den klaren Wortlaut der Versuch gemacht worden ist, diese Inschrift einem Himyarenfürsten zuzuschreiben. Ich hielt es daher für angemessen, eine erneute Untersuchung der Inschrift von Adulis dieser Abhandlung gleichsam als Einleitung voranzuschicken.

Durch die Untersuchung über das Verhältniss von Abessinien (Ḥabaśat) zum Reich der Sabäer und Himyaren, welche mir durch diese Inschriften nahegelegt worden ist, musste ich auch die vor längerer Zeit von Herrn Dr. E. Glaser im Auszuge und erst jüngst von Dr. J. H. Mordtmann vollständig veröffentlichte Inschrift Gl. 830, wo von einem Vertrag mit dem König von Ḥabaśat die Rede ist, prüfen. Meine Auffassung dieser höchst interessanten Inschrift weicht von der der beiden genannten Gelehrten stark ab. Ich gebe daher die Erklärung dieser bis jetzt missverstandenen Inschrift als Anhang am Schlusse dieser Abhandlung.

Wien, 15. October 1893.

Der Verfasser.

Das Monumentum Adulitanum.

Eines der merkwürdigsten historischen und geographischen Denkmäler ist die von Kosmas Indicopleustes überlieferte Inschrift von Adulis. Um das Jahr 520 n. Chr. kam Kosmas nach Adulis und erhielt von dem dortigen Statthalter den Auftrag, für den König von Aksum eine Copie der griechischen Inschrift des Ptolemäus Evergetes, die sich auf einer Basanitplatte und einem Throne aus Stein befand, anzufertigen. Er entledigte sich seiner Aufgabe mit grosser Sorgfalt und behielt eine Copie dieser Doppelinschrift zurück, die er mit verschiedenen erklärenden Glossen begleitete. Seit der Veröffentlichung derselben durch Leo Allatius im Jahre 1631 bildete sie wiederholt den Gegenstand gelehrter Forschung, und die Enträthselung derselben bot sehr grosse Schwierigkeiten. Dass Ptolemäus Evergetes in Abessinien solche Eroberungen gemacht hatte, war sonst nicht bekannt. Dazu kam die späte Gründung von Adulis und Leukekome, die beide in der Inschrift erwähnt werden, so dass man sich fast versucht fühlte, die Authenticität des Denkmales zu bezweifeln.

Nachdem Henry Salt[1] die griechische Inschrift von Aksum entdeckt, machte er die weitere glückliche Entdeckung, dass die vermeintliche Inschrift des Ptolemäus Evergetes aus zwei heterogenen Theilen bestehe, von denen nur der erste auf der Basanitplatte wirklich von Ptolemäus herrührte, während die zweite grössere Inschrift auf dem Throne als das Werk eines späteren Herrschers, eines Königs von Aksum, erkannt werden musste. Mit einem Schlage wurde dadurch das Verständniss des Textes und dessen historische Bedeutung klargelegt. Durch Salt selbst, wie durch Vincent[2] und ganz besonders durch Vivien

[1] Vgl. Salt in George Vincent Valentia's Voyages et travels, III, 182 ff. (London 1809) und Henry Salt's Voyage to Abyssinia, p. 411 ff. (London 1814).

[2] Die erste Transcription in griechischen Minuskeln rührt von Dr. Vincent her.

de Saint-Martin[1] und A. Dillmann[2] wurde die Inschrift chronologisch und geographisch localisirt, und man durfte das Monumentum Adulitanum gleichsam als die Gründungsurkunde des Aksumitischen Reiches ansehen.

Da in der vorliegenden Arbeit alle vorhandenen, auf das Reich von Aksum bezüglichen Denkmäler entweder zum ersten Male oder nach Abklatschen neu in authentischer Weise veröffentlicht und besprochen werden, so darf hier das hervorragende Document umsoweniger fehlen, als in jüngster Zeit der Versuch gemacht worden ist, dasselbe in eine neue Beleuchtung zu rücken und in Bezug auf den Urheber wie in Betreff der Chronologie und Geographie der Inschrift Thesen aufzustellen, die alle Resultate früherer Forschung über den Haufen werfen.

Herr Dr. Ed. Glaser ist es, der, mit den von ihm neuentdeckten Inschriften und geographischen Beobachtungen ausgerüstet, einen Eroberungszug von Südarabien aus nach Abessinien unternommen hat.[3] Als Feldherrn dieser Eroberungen suchte er sich einen alten halbmythischen Himyarenfürsten, As'ad, aus, den er wegen seiner Siege in Afrika mit Ifriḳîs (Africanus) und dem Alexander des dunklen Erdtheiles (dem Ḏû-l-Ḳarnain) identificiren möchte. Dieser As'ad, der übrigens vorsichtshalber mit einem Fragezeichen versehen ist, soll von 250 bis 370 n. Chr. gelebt, volle 50 Jahre regiert und im 27. Jahre seiner Regierung das Denkmal von Adulis gegründet haben. Die Eroberungen dieses Königs erstreckten sich nach Glaser: ,im Osten bis zum Weihrauchland, d. h. bis nach 'Omân, im Westen bis Aethiopien (Abessinien und Sasu), im Norden in Arabien von der sabäischen Grenze bis Leukekome, und im nördlichen Afrika kennzeichnet er seine Streifzüge gegen Aegypten hin durch den Namen Tangaïten. Wie weit sich Sasu nach Süden erstreckt, ist nicht ausgemacht, wohl aber über Zingis-Promontorium hinaus, ohne indessen ans Meer zu reichen[4].

Diesen Hypothesen, denen es gewiss an Kühnheit und Schwung nicht fehlt, muss ich jedoch mit sachlichen Gründen entgegentreten, wobei ich die Benutzung der Arbeiten meiner Vorgänger, insbesondere Saint-Martin's und Dillmann's, in gebührender Weise betone. Indem ich der Uebersichtlichkeit wegen und weil das Monumentum Adulitanum den Schlüssel zum Verständniss der Geschichte Aksums bildet, hier den Text der Inschriften nach dem Corp. Ins. Graec. abdrucke, lasse ich dann die Gründe folgen, die mich bestimmen, die neue Hypothese abzuweisen.

Monumentum Adulitanum.

Corp. Ins. Graec., Vol. III, 512, Nr. 5127 B.

. . . .

μεθ' ἃ ἀνδρείως τὰ μὲν ἔγγιστα τοῦ βασιλείου μου ἔθνη εἰρηνεύεσθαι κελεύσας ἐπολέμησα καὶ ὑπέταξα μάχαις τὰ ὑπογεγραμμένα ἔθνη. Γάζη ἔθνος ἐπολέμησα, ἔπειτα Ἀγάμαι καὶ Σιγύην, καὶ νικήσας τὴν ἡμίσειαν πάντων τῶν παρ' αὐτοῖς ἐμερισάμην. Αὐὰ καὶ Τιαμῶ τοὺς λεγομένους Τζιαμὼ καὶ τοὺς Γαμβηλὰ καὶ τὰ ἐγγὺς αὐτῶν καὶ Ζιγγαβηνὲ καὶ Ἀγγαβὲ καὶ Τιαμαὰ καὶ Ἀθαγαοὺς καὶ Καλαὰ καὶ Σαμηνὲ ἔθνος πέραν τοῦ Νείλου ἐν δυσβάτοις καὶ χιονώδεσιν ὄρεσιν οἰκοῦντας, ἐν οἷς διὰ παντὸς νιφετοὶ καὶ κρύη καὶ χιόνες βαθεῖαι, ὡς μέχρι

---

[1] Vgl. Vivien de St. Martin im Journal asiatique, VI, 2, p. 328—376.

[2] Vgl. A. Dillmann, Ueber die Anfänge des Axumitischen Reiches (aus den Abhandlungen der Königl. Akademie der Wissenschaften zu Berlin 1878), S. 195—205.

[3] Vgl. E. Glaser, Skizze der Geschichte und Geographie Arabiens, II, S. 471—564.

γονάτων καταδύνειν ἄνδρα, τὸν ποταμὸν διαβὰς ὑπέταξα, ἔπειτα Λασιναὶ καὶ Ζαὰ καὶ Γαβαλὰ οἰκοῦντας παρ' ὄρεσι θερμῶν ὑδάτων βλύζουσι καὶ καταρρύτοις, Ἀταλμῶ καὶ Βεγὰ καὶ τὰ σὺν αὐτοῖς ἔθνη πάντα. Ταγγαϊτῶν τοὺς μέχρι τῶν τῆς Αἰγύπτου ὁρίων οἰκοῦντας ὑποτάξας πεζεύεσθαι ἐποίησα τὴν ὁδὸν ἀπὸ τῶν τῆς ἐμῆς βασιλείας τόπων μέχρι Αἰγύπτου ἔπειτα Ἀννινὲ καὶ Μετινὲ ἐν ἀποκρήμνοις οἰκοῦντας ὄρεσιν. Σεσέα ἔθνος ἐπολέμησα, οὓς καὶ μέγιστον καὶ δυσβατώτατον ὄρος ἀνελθόντας περιφρουρήσας κατήγαγον καὶ ἀπελεξάμην ἐμαυτῷ τούς τε νέους αὐτῶν καὶ γυναῖκας καὶ παῖδας καὶ παρθένους καὶ πᾶσαν τὴν ὑπάρχουσαν αὐτοῖς κτῆσιν. Ῥαυσῶν ἔθνη μεσόγαια λιβανωτοφόρων βαρβάρων οἰκοῦντα ἐντὸς πεδίων μεγάλων ἀνύδρων καὶ Σωλατὲ ἔθνος ὑπέταξα, οἷς καὶ τοὺς αἰγιαλοὺς τῆς θαλάσσης φυλάσσειν ἐκέλευσα. ταῦτα δὲ πάντα τὰ ἔθνη ὄρεσιν ἰσχυροῖς πεφρουρημένα αὐτὸς ἐγὼ ἐν ταῖς μάχαις παρὼν νικήσας καὶ ὑποτάξας ἐχαρισάμην αὐτοῖς πάσας τὰς χώρας ἐπὶ φόροις. ἄλλα [τ]ε πλεῖστα ἔθνη ἑκόντα ὑπετάγη μοι ἐπὶ φόροις. καὶ πέραν δὲ τῆς ἐρυθρᾶς θαλάσσης οἰκοῦντας Ἀρραβίτας καὶ Κιναιδοκολπίτας, στράτευμα ναυτικὸν καὶ πεζικὸν διαπεμψάμενος καὶ ὑποτάξας αὐτῶν τοὺς βασιλέας, φόρους τῆς γῆς τελεῖν ἐκέλευσα καὶ ὁδεύεσθαι μετ' εἰρήνης καὶ πλέεσθαι, ἀπό τε Λευκῆς κώμης ἕως τῶν Σαβαίων χώρας ἐπολέμησα· πάντα δὲ ταῦτα τὰ ἔθνη πρῶτος καὶ μόνος βασιλέων τῶν πρὸ ἐμοῦ ὑπέταξα. δι' ἣν ἔχω πρὸς τὸν μέγιστον θεόν μου Ἄρην εὐχαριστίαν, ὅς με καὶ ἐγέννησε, δι' οὗ πάντα τὰ ἔθνη τὰ ὁμοροῦντα τῇ ἐμῇ γῇ ἀπὸ μὲν ἀνατολῆς μέχρι τῆς λιβανωτοφόρου, ἀπὸ δὲ δύσεως μέχρι τῶν τῆς Αἰθιοπίας καὶ Σάσου τόπων ὑπ' ἐμαυτὸν ἐποίησα, ἃ μὲν αὐτὸς ἐγὼ ἐλθὼν καὶ νικήσας ἃ δὲ διαπεμπόμενος καὶ ἐν εἰρήνῃ καταστήσας πάντα τὸν ὑπ' ἐμοὶ κόσμον κατῆλθον εἰς τὴν Ἀδούλην τῷ Διῒ καὶ τῷ Ἄρει καὶ τῷ Ποσειδῶνι θυσιάσαι ὑπὲρ τῶν πλ[ω]ϊζομένων· ἀθροίσας δέ μου τὰ στρατεύματα καὶ ὑφ' ἓν ποιήσας ἐπὶ τούτῳ τῷ τόπῳ καθίσας τόνδε τὸν δίφρον παραθήκην τῷ Ἄρει ἐποίησα ἔτει τῆς ἐμῆς βασιλείας κζ̅.

1) Wir wissen sehr wohl von dem griechischen Einfluss in Aksum, der sich von Aegypten wie von der Küste aus geltend gemacht und durch viele Jahrhunderte gedauert hat. Wir finden in Aksum selbst eine griechische Inschrift, die um die Mitte des 4. Jahrhunderts von Aeizanes, dem Könige von Aksum, gesetzt worden ist. Es liegt daher sehr nahe, einen Fürsten von Aksum als den Urheber der Inschrift von Adulis anzusehen. Dagegen ist es nicht bekannt, dass irgend ein sabäischer oder himyarischer König der griechischen Sprache und Schrift in einer Prunkinschrift sich bedient hätte.

2) Die Inschrift, welche der König in Adulis feierlich vor der versammelten Streitmacht gesetzt hat, befand sich auf einem Throne (δίφρον), welcher dem Gotte Ares geweiht wurde — ganz wie in den Geez-Inschriften von Aksum erzählt wird, dass der König zum Zeichen des Dankes und der Verehrung einen Thron *(manber)* dem Gotte Mahrem (Ares) gewidmet hat.

3) Der König dankt besonders dem grossen Gotte Ares, der ihn gezeugt und durch den er Sieg erlangt hat — ganz wie in der griechischen Inschrift von Aksum und in den Geez-Inschriften. Selbst die Phraseologie ist in beiden griechischen Texten eine ähnliche:[1]

Monumentum Adulitanum Z. 22	Inschrift von Aksum Z. 28
δι' ἣν ἔχω πρὸς τὸν μέγιστον θεόν μου Ἄρην εὐχαριστίαν, ὅς με καὶ ἐγέννησε	ὑπὲρ δὲ εὐχαριστίας τοῦ ἐμὲ γεννήσαντος ἀνικήτου Ἄρεως .

[1] Auf diese Thatsache hat bereits, wie ich nachträglich bemerke, Salt in Voyage to Abyssinia, S. 412, Note, aufmerksam gemacht.

deshalb heisst der König auch υἱὸς τοῦ ἀνικήτου Ἄρεως und deshalb lautet auch sein Titel auf den Geez-Inschriften ‚Sohn des Maḥrem, der nicht besiegt wird vom Feinde'. Dagegen wird der Gott Maḥrem meines Wissens weder in einer sabäischen noch auch in einer himyarischen Inschrift je erwähnt.

4) Nur in dem Munde eines Königs von Aksum, nicht aber in dem eines himyarischen Fürsten haben folgende Sätze (Z. 18) einen Sinn: ‚Und auch gegen die jenseits (πέραν) des Rothen Meeres wohnenden Araber und Kinaidokolpiten schickte ich eine aus Schiffstruppen und Fussvolk bestehende Streitmacht und unterwarf ihre Könige, machte sie zinsbar, und zum Zwecke der Sicherstellung des Landes und Seeweges führte ich Krieg von Leukekome bis an die Grenze der Sabäer.' Die Ausrede, dass πέραν das nördliche Arabien gegenüber dem südlichen bezeichnet, wird Niemand Ernst nehmen.

5) Zu beachten ist noch insbesondere die Stelle (Z. 9): ‚Von den Tangaïten unterwarf ich diejenigen, welche bis gegen Aegypten hausen, und sicherte den Landweg von den Gegenden meines Königreiches bis nach Aegypten.' Von einem Könige von Aksum begreift man wohl, dass er sich nach Aegypten den Landweg, nach Arabien aber auch den Seeweg sichert. Von einem himyarischen Fürsten jedoch muss man das Gegentheil erwarten.

6) Der König sagt am Schlusse seiner Inschrift (Z. 27): ‚Und nachdem ich in Frieden das ganze mir unterworfene Gebiet eingerichtet hatte, stieg ich nach Adulis nieder, um dem Zeus, Ares und Poseidon zu opfern.' Die Darbringung des Opfers und die Errichtung des Thrones im 27. Jahre seiner Regierung ist augenscheinlich der letzte Dankesact an die Götter nach einem thatenreichen Leben. Das Niedersteigen kann sich nicht, wie Herr Glaser meint, auf einen beliebigen Berg beziehen; es kann damit nur der Abstieg von der Residenz (Aksum) gemeint sein.

Diese Gründe, glaube ich, reichen vollkommen hin, zu beweisen, dass der Stifter der Inschrift von Adulis nicht ein Himyarenfürst, sondern ein König von Aksum war. Der himyarische Eroberer muss wieder in das Nebelland zurückkehren, aus dem ihn der himyarische Reisende heraufbeschworen hat.

Nachdem es nun feststeht, dass ein Aksumiterkönig der Begründer des Monumentum Adulitanum ist, müssen wir von der sicheren Operationsbasis aus, von Aksum, die geographischen Angaben der Inschrift prüfen, durch deren Commentirung Herr Dr. Glaser zu dem ganz abweichenden Resultate gekommen war. Die Inschrift, deren Anfang fehlt, beginnt mit den Worten: ‚Nach diesen Ereignissen pacificirte ich tapfer die meinem Reiche hart angrenzenden (ἔγγιστα) Völker und bekriegte und unterwarf in Schlachten die unten verzeichneten Völker.' Die Ereignisse, die vorangegangen, kann man sich leicht denken. Ein tapferer Häuptling, der entweder selbst Fürst von Aksum war, oder sich der Herrschaft des damals noch unbedeutenden Aksums bemächtigte, ging daran, von hier aus ein grosses Reich zu schaffen. Aksum, als ein Stapelplatz für den afrikanischen Elfenbeinhandel, stand schon früher in Handelsbeziehungen zu Aegypten einer- und zu Adulis, dem Hafenplatze, andererseits und eignete sich sehr wohl zum Centrum eines neuen Reiches. Ein verständiger Fürst, mit griechischer Sprache und Bildung vertraut, vielleicht von griechischen Abenteurern dazu angestachelt, unternahm es, das kleine Emporium in die Residenz eines Reiches umzuwandeln. Er musste nach Unterwerfung der umliegenden kleinen Stämme darauf bedacht sein, das Meer zu gewinnen und die Verbindung mit Aegypten auch zu Lande herzustellen. Dann musste sein Streben darauf gerichtet sein, die Concurrenz der Sabäer an der Küste und im Binnenlande zu vernichten und ihnen nach und nach die Ausbeutung der Gewürz- und Zimmtländer streitig zu machen.

Soweit wir die geographischen Namen mit Sicherheit identificiren können, sehen wir in der That den König auf das sich vorgesteckte Ziel lossteuern. Nach den einleitenden Worten: τὰ μὲν ἔγγιστα τοῦ βασιλείου μου ἔθνη εἰρηνεύεσθαι κελεύσας darf man in den zunächst folgenden Namen die im Umkreise von Aksum gelegenen Völkerschaften suchen. Ein Blick auf die Karte zeigt, wie sich der Sieger nach allen Seiten die Völker concentrisch unterworfen hat:

Ἄγαμη ist Agame, eine Landschaft im östlichen Tigré, nordöstlich von Aksum.

Αυα ist der Name eines Ortes zwischen Aksum und Adulis bei Nonnosus und wahrscheinlich mit Yeha, also dem Hauptorte der sabäischen Colonie, identisch.

Γαμβηλα ist das Thal und der Bezirk Gambela in der Landschaft Enderta, südöstlich von Aksum. Man muss demnach auch Γάζη ἔθνος (von Saint-Martin und Dillmann mit den Ag'ázi oder Geez-Stämmen nördlich von Massaua identificirt), ferner Σιγυη, Ζιγγαβηνε, Ἀγγαβε, Τιαμαα, Ἀθαγαει und Καλαα in der Nähe von Aksum suchen; nicht minder Τιαμω (Τζιαμω) = Τιαμω der griechischen Inschriften von Aksum (altäth. [illegible], geez [illegible]). Alle diese Ort- und Völkerschaften müssen nicht nur in unmittelbarer Nähe von Aksum, sondern auch diesseits, d. h. rechts von Takaze gelegen sein; denn die Inschrift fährt fort (Z. 5): καὶ Σαμηνὲ ἔθνος πέραν τοῦ Νείλου, alles früher Erwähnte muss also diesseits des Takaze sich befunden haben. Was Σαμηνε betrifft, so fügt die Inschrift hinzu: ‚ein Volk jenseits des Nils (Takaze) in schwer zugänglichen Gebirgen, wo fortwährend Eis und tiefer Schnee liegt, dass ein Mann bis an die Knie darin watet' — also die noch heute Semên genannte Gebirgslandschaft, westlich und südlich von der Krümmung des Takaze, welche Kosmas noch besonders als Strafort nennt, wohin die Aksumiterkönige die Verbrecher verbannten.

In der Inschrift heisst es weiter (Z. 7): ‚Dann Λασινε und Ζαα und Γαβαλα, welche Berge bewohnen, aus denen warme Quellen hervorbrechen und fliessen', von welchen Völkerschaften Kosmas sagt, dass sie noch zu seiner Zeit so benannt waren, ohne jedoch hinzuzufügen, dass diese Ortschaften nicht in Abessinien, sondern in Arabien liegen, wie Glaser meint.

Dann (Z. 8): ‚Ἀταλμω und Βεγα und alle Völker mit ihnen. Von den Tangaïten unterwarf ich diejenigen, die bis gegen Aegypten hin hausen, und sicherte den Landweg von den Grenzen meines Königreiches bis nach Aegypten.' Durch die beiden Grenzangaben ‚Semine jenseits des Nils' (Z. 5) und ‚bis gegen Aegypten hin' (Z. 9), ferner durch die Erwähnung der Bega (= Βουγαεῖται der griechischen Inschrift von Aksum und der [illegible] der Geez-Inschriften) kann nicht bezweifelt werden, dass auch alle anderen Völkerschaften, welche nicht identificirt werden konnten, innerhalb dieser Grenzen liegen müssen. Alle philologischen und topographischen Künste reichen nicht aus, an diesen Thatsachen etwas zu ändern.

Nachdem der König im Norden den Handelsweg nach Aegypten gesichert hatte, war, wie Dillmann mit Recht bemerkt, hier seine Thätigkeit abgeschlossen. Die weiter folgenden Völkernamen (Z. 11) Αννινε, Μετινε, Σεσεα ἔθνος können ebensowenig mit Sicherheit identificirt werden wie Ῥαυσων ἔθνη und Σωλατε ἔθνος, aber die erklärenden Zusätze zu beiden letzteren lassen über deren Lage keinen Zweifel übrig (Z. 14): ‚Die Völker der Rhausoi, welche das Binnenland der Weihrauch bringenden Barbaren inmitten ungeheurer wasserloser Ebenen bewohnen, und das Volk Solate habe ich unterworfen und trug ihnen die Bewachung der Meeresküste auf.‘ Der König bezeichnet also damit seine Eroberungszüge nach dem Süden, wo er bis zu den Ländern ‚des jenseitigen Weihrauches‘ vorgedrungen zu sein scheint.

Um nun noch recht zu bekräftigen, dass alle Völker und Länder, die bisher genannt worden sind, in Afrika liegen, führt die Inschrift (Z. 18) fort: ‚Und gegen die jenseits des Rothen Meeres wohnenden Araber etc.‘. Dieser Kriegszug hatte sichtlich den Zweck, die räuberischen Stämme an der nordarabischen Küste zu züchtigen. Mit dem Zusatze ἕως τῶν Σαβαίων χώρας wird gesagt, dass der König mit den Sabäern damals noch in Frieden lebte und an ihren Grenzen mit seiner Kriegsmacht Halt machte.

Die Inschrift von Adulis bildet in geographischer Beziehung ein geschlossenes und abgerundetes Bild, und es gehört dazu die ganze Verwegenheit eines novarum rerum cupidus, um die schöne geographische Ordnung zu confundiren und jeden Augenblick Luftsprünge von Abessinien nach Arabien und umgekehrt zu machen. Auf eine Widerlegung der einzelnen Behauptungen und der topographischen und philologischen Beweisführungen hier einzugehen, ist nach diesen Ausführungen vollkommen überflüssig.

Es bleibt nur noch übrig, eine Stelle zu besprechen, worin der König die Summe seiner Siege zieht und sagt (Z. 23): ‚Durch ihn (den Gott Ares) konnte ich meiner Macht unterwerfen alle Völker, die an mein Reich grenzen, im Osten bis an das Weihrauchland, im Westen bis zu den Ländern der Aethioper und der Sasu.‘ In seiner Ruhmredigkeit hebt er natürlich die entferntesten Gegenden hervor, und auf das Weihrauchland passt ἀπὸ μὲν ἀνατολῆς vortrefflich, weil es von Adulis sich weit nach (Süd)osten erstreckt. Ganz besonders lehrreich hierfür gestaltet sich eine Vergleichung des Periplus.[1] So heisst es (§ 7): ‚Nach ungefähr 4000 Stadien (von Adulis), wenn man neben eben diesem Festlande nach Osten (εἰς τὴν ἀνατολήν) fährt, befinden sich andere barbarische Handelsplätze. (§ 8) Nach dem Aualitischen ist ein anderer Hafenplatz, Malao (jetzt Berbera, wo Hildebrand den echten Weihrauch fand) genannt... Ausgeführt wird aus diesem Orte Myrrhe und der jenseitige Weihrauch. (§ 9) Von Malao aus folgt nach zwei bis drei Tagfahrten Mundu. (§ 10) Von Mundu aus liegt, wenn man nach Osten fährt, in gleicher Weise, nach zwei bis drei Tagfahrten, der Handelsplatz Mosyllon auf einer Küste mit schlechtem Landeplatz . . . Exportirt wird aus diesen Gegenden der jenseitige Weihrauch, Elfenbein aber und Myrrhe nur spärlich. (§ 11) Wenn man von Mosyllon an der Küste hinfährt, so begegnet nach zwei Tagen das sogenannte Neilopotamion (Bender Chor), eine schöne Quelle, der kleine Lorbeerhain und das Vorgebirge Elephas. Dann erstreckt sich das Land nach einem See hin und hat den Elephas genannten Fluss und den grossen Lorbeerhain, der Akannai genannt wird, wo einzig in seiner Art der meiste und vorzüglichste jenseitige Weihrauch erzeugt wird. (§ 12) Nach dieser Gegend weicht das Festland nunmehr nach Süden zurück und findet sich der Handelsplatz Aromata (Cap Guardafui) und das letzte Vorgebirge des barbarischen Landes, das nach Osten steil abfällt . . . Erzeugt aber wird daselbst Zimmt . . . und Weihrauch.‘

Nach dieser eingehenden Beschreibung des barbarischen Weihrauchlandes, welches sich bis nach dem äussersten Osten erstreckt, wird man begreiflich finden, warum das Monumentum Adulitanum die ἔθνη μεσόγεια λιβανωτοφόρων βαρβάρων als die nach Osten liegende äusserste Eroberung bezeichnet (ἀπὸ μὲν ἀνατολῆς μέχρι τῆς λιβανωτοφόρου).

[1] Ich benutzte die vortreffliche Ausgabe von B. Fabricius (Leipzig 1883).

Auch die Grenze nach Westen: ἀπὸ δὲ δύσεως μέχρι τῶν τῆς Αἰθιοπίας καὶ Σάσου τόπων findet eine lehrreiche Analogie im Periplus (§ 18): ‚Denn der weiterhin nach diesen Orten (den letzten Handelsplätzen Azanias) sich erstreckende Ocean ist unerforscht, beugt sich nach Westen um (εἰς τὴν δύσιν) und vermischt sich mit den entlegenen Theilen Aethiopiens, Libyens und Afrikas, gegen Süden hin sich ausdehnend, mit dem Hesperischen Meere.‘[1] Einen deutlicheren Commentar zu der von Glaser missbrauchten Stelle des Monumentum Adulitanum kann man sich nicht wünschen.

Die Frage nach dem Urheber der Inschrift ist nun dahin gelöst worden, dass es nur ein Aksumiterkönig sein kann, und die Thatsache steht fest, dass die geographischen Angaben der Inschrift mit Ausnahme einer einzigen sich lediglich auf Abessinien und die benachbarten afrikanischen Länder und nicht auf Arabien beziehen. Wir haben daher nur noch die Zeit der Abfassung des Monumentes zu bestimmen. Da muss man wieder mit Uebergehung von Glaser's chronologischen Phantasien an die Untersuchungen von Saint-Martin und Dillmann anknüpfen. Der terminus ad quem ist durch die griechische Inschrift von Aksum, die aus der Mitte des 4. Jahrhunderts n. Chr. stammt, gegeben. In dieser Inschrift führt der König bereits den Titel: ‚König der Homëriten und von Raydân und von Aethiopien und von Saba' und Silee‘, der König von Aksum hatte also inzwischen das Reich der Sabäer und Himyaren, wenn auch nur vorübergehend, erobert. Andererseits kann die Zeit der Abfassung über das 1. Jahrhundert unserer Zeitrechnung nicht zurückgehen, da im 1. Jahrhundert v. Chr. noch nichts von einer staatlichen Bildung in dieser Gegend bekannt ist und Adulis und Leukekome erst gegründet worden sind.

Saint-Martin sucht nun innerhalb dieses Zeitraumes von 350 Jahren eine genaue chronologische Bestimmung zu treffen und geht hiebei von der Angabe der Inschrift aus, dass das Monument im 27. Jahre der Regierung des Gründers gestiftet worden ist. Da in den äthiopischen Königslisten während dieser Epoche nur drei Könige mehr als 27 Jahre regiert haben, so kann nach dem Raisonnement Saint-Martin's nur einer dieser drei Könige das Monument gestiftet haben. Von diesen drei Königen schliesst jedoch Saint-Martin den Ela Eskendi aus (regierte um 325 n. Chr.). Es können also als Stifter entweder Ela Azguagua (144—221 n. Chr.) oder Ela Auda (101—131 n. Chr.) angesehen werden.

A. Dillmann hebt aber mit Recht die Unzuverlässigkeit der abessinischen Königslisten nicht nur in Bezug auf die Namen, sondern vielleicht in noch viel höherem Grade in Bezug auf die Zeit und die Dauer der Regierungen hervor und stellt die These auf,[1] dass die Zeit der Inschrift sich nur dahin bestimmen lässt, dass sie älter sein müsse als der Periplus; denn der Zoskales des Periplus habe bereits ein Reich von dem Umfange inne, welches der Verfasser der Inschrift πρῶτος καὶ μόνος βασιλέων τῶν πρὸ αὐτοῦ hergestellt zu haben behauptet.

In der That scheint mir dies der einzig richtige Gesichtspunkt für die chronologische Bestimmung der Inschrift zu sein. Der Gründer des Monumentum Adulitanum muss auch als der eigentliche Gründer des aksumitischen Reiches angesehen werden; die Eroberungen in der nächsten Nähe von Aksum können anders nicht erklärt werden. Nur in einem Punkte möchte ich von der Dillmann'schen Aufstellung abweichen. Meines Erachtens ist

[1] Nach dem Vorgange Niebuhr's (im Museum der Alterthumswissenschaften, II. 509 ff.) und C. Müller's (in Geogr. minores, I, p. XCVII, not.).

das Monumentum Adulitanum nicht älter als der Periplus, sondern gleichzeitig mit demselben, und der Gründer der Inschrift ist niemand Anderer als der Zoskales des Periplus. Vernehmen wir, was der Periplus über das Reich des Zoskales sagt (§ 3): ‚Nach den Moschophagen befindet sich am Meere ein kleiner Handelsplatz ... nämlich Ptolemaïs das der Jagden (etwa in der Bucht von Akîk gelegen) genannt, von wo unter den Ptolemäern die Jäger der Könige nach dem Inneren vordrangen. (§ 4) Nach Ptolemaïs der Jagden befindet sich in einer Entfernung von 3000 Stadien ein gesetzlich bestimmter Handelsplatz, nämlich Adulis, gelegen in einem tiefen Busen ganz im Süden ..., von dem aus nach der im Binnenlande gelegenen Stadt Koloë, dem ersten Handelsplatze für Elfenbein, ein Weg von drei Tagen führt. Von dieser Stadt bis zur Metropole der sogenannten Auksumiten sind fünf weitere Tagesreisen; in diese wird alles Elfenbein jenseits des Nils (πέραν τοῦ Νείλου ist von innerafrikanischem Standpunkte gesagt) importirt, und von da nach Adulis ... (§ 5) Und in einer Entfernung von etwa 800 Stadien liegt ein anderer sehr tiefer Busen ... (die heutige Hawakilbucht), in welchem, in der Tiefe verschüttet, der opsianische Stein gefunden wird, der nur in dieser Gegend allein vorkommt. Es herrscht aber über diese Gegenden von den Moschophagen an bis zu den anderen (südlichen) Barbaren als König Zoskales, sparsam im Leben und nach Mehrerem strebend, im Uebrigen aber edel und der hellenischen Wissenschaft kundig.‘

Die Grenzen des aksumitischen Reiches, welche der Periplus angibt, decken sich ziemlich genau mit denen des unbekannten Königs des Monumentum Adulitanum. Zoskales kann, wie schon Niebuhr, C. Müller und Dillmann betont haben, unmöglich der Vorgänger dieses Königs gewesen sein, weil dann das πρῶτος καὶ μόνος eine erlogene Flunkerei wäre. Ein Nachfolger des Zoskales hätte nicht nothwendig gehabt, diese Gebiete zu erobern, und konnte sie keinesfalls zum ersten Male und allein erobert haben. Es ist aber auch nicht sehr wahrscheinlich, dass der unbekannte König des Monumentum Adulitanum der Vorgänger des Zoskales gewesen sei, weil dieser tüchtige und nach ‚Mehrerem strebende‘ Fürst nicht darnach aussieht, etwas von den Erwerbungen seines Vorgängers abgegeben zu haben. Es scheint vielmehr, dass er zur Zeit des Periplus die Metropole Aksum zum Mittelpunkt eines grossen Reiches gemacht hat. Wenn er nun nach dem Berichte des Periplus nicht so mächtig erscheint wie nach seiner Prunkinschrift, so darf dies nicht Wunder nehmen. In einer Prunkinschrift nimmt man den Mund etwas voll, wozu ein unbetheiligter Berichterstatter keine Ursache hat. Uebrigens sind die Angaben im Monumentum Adulitanum auch sehr vorsichtig gehalten und lassen sich mit denen des Periplus in Uebereinstimmung bringen. Wenn der König einmal sagt, dass er die Rhausi, die Bewohner des Binnenlandes der Weihrauch hervorbringenden Barbaren, unterworfen habe, so kann es sehr wohl vorübergehend geschehen sein. Ob er diesen Besitz behauptet hat, ist eine andere Frage. In der That sagt er gegen Ende der Inschrift (Z. 24) μέχρι τῆς λιβανωτοφόρου, ganz wie Periplus (§ 5) μέχρι τῆς ἄλλης Βαρβαρίας. In gleicher Weise verhält es sich mit seinem Feldzuge nach der gegenüberliegenden Küste Nordarabiens. Entweder hatte der König zur Zeit des Periplus die Eroberungszüge nach dem Weihrauchlande und nach Arabien noch nicht gemacht, oder die Resultate derselben waren so zweifelhafter Natur, dass man darüber weiter nicht zu sprechen brauchte.

Sehr zu beachten sind die gleichen geographischen Angaben und die verwandte geographische Terminologie im Monumentum Adulitanum und im Periplus. Im Süden des aksumitischen Reiches beginnt nach beiden Documenten das Weihrauch hervorbringende

Barbarien, das sich von Bâb el-Mandeb bis zum Cap Guardafui immer gegen Osten hin erstreckt. Aethiopien liegt nach beiden Berichten weit im (Süd)westen. Der Züchtigungskrieg gegen die räuberischen Stämme an der nordarabischen Küste findet seine volle Erklärung und Begründung in der Beschreibung dieser Gegend im Periplus (§ 20): ‚Die nach innen zu gelegenen Striche (des arabischen Landes) aber werden, nach Dörfern und Nomadenlagern gesondert, von schlechten, zweizüngigen Menschen bewohnt, von denen die von der Fahrt in der Mitte des Meerbusens Verschlagenen theils ausgeplündert, theils auch die von dem Wracke Geretteten zu Sclaven gemacht werden. Deshalb werden sie auch von den Königen Arabiens und deren Vasallen in die Sclaverei abgeführt; sie heissen Kananiten (= Κιναιδοκολπῖται, arab. *Kinânah*).‘ Es ist nun natürlich, dass das junge Aksumitenreich, dessen Kräfte zu Wasser und zu Lande sich zu entwickeln begonnen hatten, einmal in Conflict mit diesen Piraten gekommen ist und eine Züchtigung derselben unternommen hat. Auch das nördlich von diesen räuberischen Stämmen gelegene Leukekome kennen beide Documente. Alle diese Thatsachen deuten darauf hin, dass wir es mit synchronistischen Urkunden zu thun haben.

Wenn nun der Periplus von einem der hellenischen Wissenschaft kundigen Aksumiterfürsten, ‚streng (ἀκριβής) im Leben und nach Mehrerem (d. h. nach Erweiterung des Reiches) strebend‘, spricht, so passt keiner besser zum Gründer des Monumentum Adulitanum als eben dieser Zoskales.

Aksum.

Von J. Theodore Bent.

Der erste Gegenstand, den man beim Herannahen nach Aksum erblickt, ist ein schlanker Obelisk, 20 Fuss hoch, aus Granit gehauen, spitz auslaufend und mit flachen Seiten. Er ist etwa $^3/_4$ Meilen von der Stadt entfernt und in der Nähe desselben befinden sich andere zerbrochene Obelisken. In einer Entfernung von etwa 100 Yards steht die Steintafel mit der griechischen und altäthiopischen Inschrift, welche um die Mitte des 4. Jahrhunderts n. Chr. vom König Aeizana errichtet worden ist.

Die Widmung von ‚einer Statue aus Gold, einer Statue aus Silber und drei Statuen aus Erz‘, berechtigt uns, eine Vermuthung in Bezug auf die Steine auszusprechen, welche von dieser Inschrift in gerader Linie gegen die Stadt zu aufgestellt sind. Es sind gewiss die Piedestale der Metallstatuen, die seither entfernt worden sind. Auf einem dieser Steine sind noch deutlich die Spuren der Füsse zu erkennen und die Statuen waren gewiss in die Löcher eingefügt, die auf den Steinen noch zu sehen sind. Diese Reihe von Statuen aus kostbarem Metall muss einen sehr überraschenden und eigenartigen Eindruck auf den, der sich der Stadt näherte, gemacht haben. Auf zwei dieser Piedestale waren rund herum Inschriften angebracht, die aber durch das Wetter zu stark gelitten haben, als dass man mehr als einige Spuren sabäischer Buchstaben, die sich schon sehr der äthiopischen Schrift nähern, erkennen konnte. Diese Reihe von Steinen und Statuen, die zur Stadt hinführt, trägt die Spuren einer späteren Zeit als die Reihe von Obelisken, welche thalabwärts an der anderen Seite der heiligen Umzäunung sich befindet, und stammt wahrscheinlich aus der glänzenden Periode der Aksumitischen Geschichte im 4. und 5. Jahrhundert unserer Aera. Es ist schwer, genau anzugeben, wie viel von diesen Steinobelisken in Aksum noch stehen geblieben sind. Einschliesslich der Obelisken, welche sich in geringer Entfernung davon in der Ebene und am Eingange in die Stadt befinden, sowie derer, die thalabwärts laufen, möchte ich die Zahl derselben auf etwas mehr als 50 schätzen. Viele von den umgestürzten sind in Gärten verborgen, beim Bau von Häusern verwendet u. s. w. Eine systematische Zählung würde längere Zeit und eine eifrige Untersuchung erfordern. Trotzdem hatte ich gehofft, dies zu vollbringen, doch unsere Abreise von Aksum kam zu plötzlich. Die grosse Reihe von Obelisken jedoch, die sich das Thal hinaufzieht, verlangt eine ganz besondere Aufmerksamkeit, während die anderen ganz gewöhnliche unbehauene Steine sind, wie die Menhirs von Britannien, die Monolithen von Zimbabue im Maschonaland und die ‚Stonehenge' von Wiltshire. Das was die Obelisken von Aksum für uns ganz besonders interessant macht, ist eben, dass sie eine aufsteigende Reihe bilden, von diesen ganz groben, unbehauenen Blöcken bis zu den ins kleinste Detail ausgearbeiteten Obelisken. Es ist höchst wahrscheinlich, dass wir hier den Ursprung und die Entwicklung des Obelisken nebeneinander vor Augen haben; im obersten Theile des Thales sind sie alle rauh und unbehauen wie die Monolithen von Ava, sie sind an allen Ecken und Enden in den Boden gesenkt und auf keinerlei Weise von den vielen rauhen Steinmonolithen zu unterscheiden, die wir über die ganze Welt verbreitet finden. Dann kommen wir zu einem 16 Fuss hohen Stein mit deutlich sichtbaren Ecken, auf dessen einer Seite eine Reihe von neun oder zehn Einschnitten befindlich ist, während die ganze Oberfläche verschiedene andere von Menschenhand gemachte Löcher zeigt. Dies scheint der erste Versuch zu sein, die Monolithe irgendwie zu verzieren. Nächst diesem haben wir einen von ungefähr derselben Höhe, der durch vier Streifen in Stockwerke getheilt ist. Die Enden der Balken, die die Stockwerke scheinbar tragen, sind deutlich in den Stein eingehauen. Ohne Kenntniss der vollkommeneren Monolithen würde man wohl nie erkannt haben, was diese Zieraten zu bedeuten hätten; aber eben durch den Vergleich mit jenen halte ich es für bewiesen, dass die Eintheilung in Stockwerke hier dargestellt werden sollte. Die Monolithen in ihrer höchsten Vollendung sind beinahe alle von derselben Art, nämlich Darstellungen eines Thurmes mit vielen Stockwerken. An ihrer Basis befinden sich Altäre, welche den Monolithen, deren Beschreibung wir geben wollen, wunderbar angepasst sind. Dann haben wir die in den Granitblock eingehauene Abbildung einer Thür, in manchen Fällen mit Schloss und Riegel, in anderen mit einer einfachen Thürklinke; über derselben müssen wir uns eine hohe Halle denken mit wieder einem niederen Stockwerke darüber, wie etwa ein ‚entresol'. Zwischen je zwei Stockwerken und an den Seiten sind die Balkenenden sorgfältig ausgehauen, was zu der Vermuthung führt, dass das ursprüngliche Modell dieser Monolithe aus Holz construirt war. Bei dem einzigen jetzt noch aufrecht stehenden Monolithen dieser Art haben wir neun Stockwerke mit einem halbkreisförmigen Abschluss an der Spitze, auf dessen Vorderseite eine Metallplatte befestigt war, während man rückwärts noch jetzt eine Darstellung der Sonnenscheibe sieht. Wir haben also thatsächlich eine vollkommene Wiedergabe des Beth-El vor uns oder des ‚Gotteshauses', welches bis ins Firmament, die Wohnung des sabäischen Sonnengottes hineinreicht.

Die religiöse Bedeutung dieser Monolithe ist offenbar; am Fusse der meisten von ihnen stehen Altäre — sehr interessante Beispiele von religiöser Architectur. Einer von diesen, 7 Fuss 10 Zoll bis 9 Fuss im Umfang, hat eine erhöhte Plattform, in die ein Gefäss, das eine ganz eigenthümliche Aehnlichkeit mit einer griechischen Kylix aufweist, eingehauen ist, um das Blut der Schlachtopfer aufzunehmen. Zwei an zwei Ecken gehauene Rinnen liessen das Blut weiterfliessen bis zur unteren Plattform, auf der wir wieder drei gehauene

Gefässe zu seiner Aufnahme haben. Rings um dieselben ist eine ganze Reihe von Löchern; zwei weitere Rinnen an den Ecken lassen das Blut zur Erde hinabfliessen.

Solche Altäre waren bei der Verehrung des Mithra die gewöhnlichen, wenn dem grossen Sonnengotte Opfer dargebracht wurden. Wir haben sie auch in Griechenland und ihr Zweck liegt auf der Hand. Der Altar vor dem grossen, aufrecht stehenden Monolithen ist flach, mit einem Umfange von 11 Fuss 5 Zoll bis 13 Fuss 10 Zoll. Rund um ihn läuft eine Verzierung von Weinreben, abwechselnd ein Blatt und eine Traube, ein Muster, wie man es auch auf einem himyaritischen Steine im British Museum sieht. In der Mitte dieses Altares sind drei tiefe Löcher (1 Fuss 2½ Zoll) zur Aufnahme des Blutes. Ausgrabungen würden zweifellos noch mehr Altäre zu Tage fördern, aber die zwei bekannten genügen vollkommen, um vom praktischen Standpunkte den Zweck all dieser Altäre zu erläutern. Der dem grossen, aufrecht stehenden zunächst befindliche Obelisk hat einen vollkommen flachen, schmucklosen Altar. Dieser Obelisk ist an der Spitze abgerundet, wie die Obelisken von Medun in Egypten, und der Obelisk auf der anderen Seite ist so spitz wie die Nadel der Cleopatra; wegen ihrer vollständigen Schmucklosigkeit entbehren wir aber bei ihnen jeden Anhaltspunktes. Der grosse, aufrecht stehende Obelisk ist 60 Fuss hoch, aber er war keineswegs der grösste. In einem anstossenden Garten sahen wir die Ueberreste eines viel grösseren, der in ungeheuere Stücke gebrochen ist. Seine grösste Breite beträgt auf der Vorderseite 12 Fuss 8½ Zoll, während die grösste Breite des stehenden nur 8 Fuss 7 Zoll beträgt. Folglich müssen dieser und ein anderer, welcher im Ras Alulâs-Garten gefallen ist und noch jetzt dort liegt, bedeutend den jetzt stehenden überragt haben, der durch seine Höhe und zarte Gliederung einen gewaltigen Eindruck auf uns macht. Jene zwei waren ebenfalls in Stockwerke eingetheilt und im Sturze müssen sie ihre Altäre durch ihr Gewicht zerschmettert haben. Ich kann hier noch erwähnen, dass ein eigenthümlicher Zusammenhang zwischen diesen Bauwerken und den Gräbern in Cilicien und Lycien durch die nachgeahmten Balkenenden und die Fensterdarstellungen nahegelegt wird. Die Gräber in Asien sollen Häuser vorstellen mit Balken für die Dächer, sorgfältig in den Stein eingehauen, und die meisten haben Nachbildungen von Fenstern. Es ist auch seltsam, dass bei der Kirche in Asmara durchwegs zwischen den Steinen Balken eingefügt waren.

Noch ein sehr interessanter Obelisk wäre zu erwähnen. Leider ist er nach vorne gefallen; aber ich kroch unter ihn und indem ich ein wenig Erde wegschaffte, war es mir möglich, den grössten Theil der Verzierung frei zu legen. Dieser Obelisk war nur 27 Fuss 10 Zoll hoch und 6 Fuss 10 Zoll breit; auf der Rückseite hatte er eine Verzierung ähnlich wie ein Tempel *in antis*, deren Säulen 5 Fuss 8 Zoll hoch waren. Auf der Vorderseite war dieselbe Verzierung angebracht, aber an der Spitze und getragen von einer einzigen Säule. Diese hatte die Form einer Lotusblume oder eines jonischen Schnörkels, ruhte auf den unvermeidlichen Balken und trug an der Spitze ein kleines Epheublatt, wie man es so häufig auf späteren griechischen Gräbern findet. Es ist unmöglich zu sagen, was unterhalb dieser Verzierung war, und wenn geeignete Hilfsmittel zur Hand gewesen wären, hätte ich nichts sehnlicher gewünscht, als diesen Obelisken umzukehren. Dieser zeigt, mehr als irgend ein anderer, die Wirkungen der griechischen und ägyptischen Einflüsse, welche sich nicht sehr früh, sondern wahrscheinlich viel später als zur Zeit der Niederlassungen in Adulis geltend gemacht haben dürften.

Ein Obelisk, welcher in Trümmer gebrochen und in den Strom gestürzt war, bot uns die Möglichkeit, die Spitze zu photographiren und die Löcher zu sehen, mit Hilfe derer die Metallplatte befestigt worden war. So konnten wir entschieden feststellen, dass kein Kreuz an dieser Stelle sich befand, wie es fanatische jesuitische Reisende behauptet hatten.

Innerhalb der heiligen Umzäunung sind verschiedene alterthümliche Gegenstände verstreut, die wahrscheinlich aus derselben Zeit stammen wie die Monolithe. Beim Eingange sind zwei gemeisselte Löwenköpfe, die früher Wasser spieen, und noch einer, der jetzt zur Zierde in die Wand eingefügt ist. Sie gehören offenbar der besten Kunstperiode von Aksum an und zeigen deutlich griechischen Einfluss. Innerhalb der äusseren Umfassungsmauer der heiligen Umzäunung sind zwölf gigantische Steinblöcke in einer Reihe aufgestellt, von denen ich annehme, dass sie Piedestale von Metallstatuen waren, gleich denen, die schon am äussersten Ende der Stadt erwähnt worden sind. Einer von ihnen trägt eine sehr arg zugerichtete sabäische Inschrift. Vor dem in die innere Umzäunung führenden Eingange stehen einige Säulen mit einer Steinplatte in ihrer Mitte, welche nach dem Volksglauben der Thron ist, auf dem die Kaiser von Abessinien gekrönt wurden. Seltsamerweise sind diese Säulen ganz in demselben Styl gehalten wie die in Adulis und Koloë, die zu beschreiben wir an anderer Stelle Gelegenheit haben werden. Sie sind viereckig, und jede Ecke ist den ganzen Schaft entlang schmal abgeschnitten. Dies zeigt wieder den Einfluss der Seestädte auf die Architektur im Binnenlande. Im Hofraume vor der Kirche sind zahlreiche alte Steine als Pflaster verwendet: einer von diesen ist ein Trümmerstück von einem grossen Monolithen; wir sehen die Fenster darauf und darunter zwei geschnitzte Lanzenspitzen, eine Art Verzierung, wie sie auf keinem der anderen Obelisken wiederkehrt. Die Kirche ist auf ungeheueren Steinblöcken als Grundlage aufgebaut, die offenbar zu einem alten Tempel gehören, welcher an derselben Stelle stand, wahrscheinlich ein himyaritischer, dem Sonnengotte geweihter Tempel, auf den die Reihen der steinernen Monolithe von verschiedenen Seiten hinführen, und diese Steine sind alle gezeichnet wie die von Yeha.

Allerlei kleine Erdhaufen sind in der heiligen Umzäunung verstreut, in denen man gerne herumgraben möchte; aber unglücklicherweise wird die abergläubische Verehrung, welche die Abessinier für diesen heiligen Ort hegen, noch viele Jahre nicht gestatten, dass hier gearbeitet werde.

Thalaufwärts gibt es viele interessante Punkte. Zunächst der grosse Wasserbehälter oder das Reservoir, wo das Wasser des Stromes künstlich eingefangen wird und von wo die Einwohner von Aksum noch heute ihr Wasser holen. Es ist ebenfalls ein alter Bau. Auf der hügeligen Seite nähert man sich ihm auf in den Fels gehauenen Stufen, gleich denen, die man überall bei altgriechischen Städten findet. Es gibt mehrere in den Fels gehauene Treppen und Pfade, die aus dem Thale auf den Hügel führen. Noch weiter thalaufwärts über die Monolithenreihen hinaus, erregt der Anblick der Grundfesten mehrerer alter Gebäude immer das Gefühl, als wenn wir irgendeine alte griechische Stadt besuchen würden. Es sind kolossale, sorgfältig behauene und ohne Mörtel aneinandergefügte Steinblöcke.

Auf einem Hügel ungefähr $1\frac{1}{2}$ Meilen thalaufwärts sehen wir eine Anzahl alter Gräber, von den Einwohnern die Gräber Kaleb's genannt, nach einem König, der im 6. Jahrhundert unserer Zeitrechnung siegreich in Arabien eindrang; aber sie sind offenbar viel älter. Die Steinblöcke, aus denen sie erbaut sind, sind sehr gross, und man tritt ein durch einen abschüssigen Dromos oder Zugang, gerade wie bei alten griechischen Gräbern. Vor diesen befinden sich drei mit einer solchen Regelmässigkeit gebaute Grabgemächer, dass wir sie, befänden wir uns in Griechenland, als aus einer guten Periode stammend ansehen müssten.

Ein anschliessendes Grab hat einen Steinsarkophag in einem seiner Gemächer, und in den umliegenden Felsen sind mehrere Gräber ausgehauen, das Abbild derjenigen, die man in Kleinasien und Syrien sieht. Fasst man nun all diese Punkte zusammen, die Verzierungen auf den Monolithen und den Altären, den Bau des sogenannten Grabes Kaleb's, die übriggebliebenen Grundfesten der älteren Gebäude und endlich die griechische Inschrift, so müssen wir nach meiner Ansicht das grösste Gewicht auf den offenkundigen griechischen Einfluss legen, der sich uns in der Architektur der alten Aksumitischen Hauptstadt zeigt.

Ein Spaziergang, den Hügelsaum entlang auf den Norden der gegenwärtigen Stadt zu, zeigt uns die Ausdehnung und den Umfang der alten Stadt Aksum. Hier sieht man meilenweit Spuren von Bauten aus grossen Steinen; am Rande der Ebene Gebäude von bedeutender Grösse, die Tempel oder Paläste gewesen sein müssen. Ueber diese hinaus fanden wir ein zweites Feld von Monolithen, alle ungeziert und unbehauen; und dann haben wir eine grosse kreisförmige, künstliche Bodenerhöhung, die wahrscheinlich ein Grab enthält, die wir gerne geöffnet hätten. Dies war uns aber leider infolge der ungünstigen Umstände nicht möglich.

Einmal besuchten wir die Löwin, die auf einem Granitwall, Gobedernh genannt, ausgehauen ist, ungefähr 3 Meilen nordwestlich von Aksum. Sie befindet sich am halben Wege auf dem steilen Hügel, am Fusse eines massiven Granitvorsprunges, von dem ich glaube, dass die Alten aus ihm die grossen Granitblöcke für ihre Monolithe gewannen, denn der Granit ist sichtbar in Schichten gespalten, welche selbst schon an die Monolithenform erinnern. Die Löwin ist in sehr flachem Relief gearbeitet, und um eine Photographie zu erhalten, brannten wir Holzstäbe an und schwärzten die Umrisse; sonst würden wir nie ein ordentliches Bild herausgebracht haben. Es ist ein sehr schwungvolles Kunstwerk, 10 Fuss 8 Zoll von der Nase bis zum Schwanz. Die laufende Stellung ist wunderbar wiedergegeben, und die Darstellung der Hinterbeine zeigt, dass der Künstler seinen Gegenstand vollständig beherrschte. Ein paar Zoll von der Nase der Löwin befindet sich eine kreisrunde Scheibe mit Strahlen; wahrscheinlich ist eine Abbildung der Sonne beabsichtigt. Ueberhaupt macht das Ganze einen tiefen Eindruck durch die Kenntniss und Geschicklichkeit des Künstlers in der Darstellung der Thiere.

Wenn uns die politischen Zustände im Lande einen längeren Aufenthalt in Aksum gestattet hätten, würden wir wahrscheinlich noch mehr Spuren dieser interessanten Civilisation im Inneren Afrikas entdeckt haben. Man erzählte uns, dass ungefähr zwei Stunden von Aksum auf einem Hügel andere Ueberreste wären, genannt ‚das Haus Salomons'. Um einer sonst nur allzuhäufigen Enttäuschung zu entgehen, wie sie uns die Unwissenheit der Eingeborenen bereitete, welche zu allerlei Steinen führten, im Glauben, dieselben trügen Inschriften, sandte ich meinen Dolmetsch, auf dessen Urtheil ich mich verlassen konnte, um sich den Ort in Augenschein zu nehmen. Er theilte mir mit, es wären dort Mauern aus grossen Steinen und ein Löwenkopf, ähnlich wie die beim Eingange in die heilige Umzäunung, aber von Inschriften keine Spur. Durch unsere eilige Abreise verhindert, konnte ich nicht selbst gehen, aber diese Mittheilung genügt, um zu zeigen, dass es in der unmittelbaren Nachbarschaft von Aksum zweifellos viele Orte gibt, die einer archäologischen Untersuchung wert sind. In der gegenwärtigen Stadt, glaube ich, förderten wir Alles zu Tage, was überhaupt möglich war, ohne ausgedehnte Ausgrabungen vorzunehmen; und bei den gegenwärtigen Zuständen in Abessinien, religiöser Aberglaube auf der einen, politische Anarchie auf der anderen Seite, ist vorläufig wenig Hoffnung auf solche Arbeiten vorhanden.

Die Bilinguis von Aksum.

Die grosse Lavatafel mit der griechischen Inschrift, welche sich am Fusse des Hügels befindet, auf welchem die Kirche Abba Pantaleon erbaut ist, wurde schon in früherer Zeit von verschiedenen Reisenden bemerkt.[1] Eine Copie derselben hat erst Salt am 19. October 1805 genommen und dieselbe in Lord Valentia's Reisen, III, p. 182, mitgetheilt. Während seiner zweiten Reise hat Salt eine zweite Copie angefertigt und dieselbe in seinem Reisewerke, p. 411, veröffentlicht. Er bemerkte auch auf der Rückseite des Steines eine Inschrift in altäthiopischen Buchstaben und copirte einige deutlichere Stellen derselben. Einen Sinn konnte weder Salt noch auch sonst Jemand in den copirten Stellen finden, es macht aber dem Scharfsinne Salt's alle Ehre, dass er in dieser Schrift die Grundcharaktere des späteren äthiopischen Alphabetes erkannt hat. Auch Rüppell hat die Tafel gesehen. Er beschreibt sie als ein vollkommenes Parallelogramm von $6^{3}/_{4}$ Fuss Höhe, $3^{1}/_{4}$ Fuss Breite und 8 Zoll Dicke. ‚Die äthiopische Inschrift — fährt er fort — welche den Revers der Steintafel bedeckt, ist durch den Zahn der Zeit dergestalt zerstört, dass ihr Inhalt wohl schwerlich jemals ausgemittelt werden wird.'[2] Die beiden Abklatsche des Herrn Bent ermöglichen nicht nur die griechische Inschrift zu revidiren und eine Reihe besserer Lesarten festzustellen, sondern setzen uns auch in den Stand, einen grossen Theil der altäthiopischen Inschrift zu lesen und zu übersetzen. Bei der Prüfung der griechischen Inschrift haben mich die Herren Dr. Adolf Wilhelm und Stud. Tkač unterstützt, denen ich hiermit für die Mühe bestens danke.

Ich gebe im Folgenden eine Umschrift des Facsimile der griechischen Inschrift und füge daran einige kritische Bemerkungen.

Griechischer Text (CIG III, 5128).

1. Ἀειζανᾶς βασιλεὺς Ἀξωμιτῶν κα[ὶ
2. Ὁμηριτῶν καὶ τοῦ Ῥαειδᾶν καὶ Αἰθ-
3. ιόπων καὶ Σαβαειτῶν καὶ τοῦ Σιλεῆ
4. καὶ τοῦ Τιαμῶ καὶ Βουγαειτῶν κ(αὶ) το[ῦ]
5. Κάσου, βασιλεὺς βασιλέων, υἱὸς θεοῦ
6. ἀνικήτου Ἄρεως . ἀτακτησάντων
7. κατὰ καιρὸν τοῦ ἔθνους τῶν Βουγαει-
8. τῶν ἀπεστίλαμεν τοὺς ἡμετέρους
9. ἀδελφοὺς Σαϊαζανᾶ καὶ τὸν Ἀδηφα[ν]
10. τούτους πολεμῆσαι, καὶ παραδεδω-
11. κότων αὐτῶν ὑποτάξαντες αὐτοὺς
12. ἤγαγον πρὸς ἡμᾶς μετὰ καὶ τῶν θρεμ-
13. μάτων αὐτῶν βοῶν τε ϟΠΙΙ καὶ προ-

[1] Ludolf, Ad hist. aeth. commentarius, 251, 252.

[2] E. Rüppell, Reise in Abyssinien, II, S. 269.

14. βάτων ϡϛα καὶ κτηνῶν νωτοφόρω[ν]
15. θρέψαντες αὐτοὺς βόεσίν τε καὶ ἐπισιτ[ισ]-
16. μῷ ἀννώνη[ς], ποτίζοντες αὐτοὺς ζύτῳ τε
17. καὶ οἴνῳ καὶ ὑδρεύμασιν πάντας ἰς χορ-
18. τασίαν οἵτινες ἦσαν τὸν ἀριθμὸν βασιλ-
19. [εί]σκοι ἐξ σὺν τῷ ὄχλῳ αὐτῶν τὸν ἀριθμὸν ΔΥΚ
20. ἀννωνευόμενοι καθ' ἑκάστην ἡμέραν ἄρ-
21. τους σιτίνους μθϛ κ(αὶ) οἶνον ἐπὶ μῆνας . . .
22. . . ἄχρεις οὗ ἀγάγουσιν αὐτοὺς πρὸς ἡμᾶς· το[ύ]-
23. [τ]ους οὖν δωρησάμενοι αὐτοῖς πάντα τὰ ἐπι-
24. τήδια κ(αὶ) ἀμφιάσαντες αὐτοὺς μετοικήσαντε[ς]
25. κατεστήσαμεν ἰς τινα τόπον τῆς ἡμετέρας χ[ώ]-
26. ρας, καλούμενον Μάτλια. καὶ ἐκελεύσαμεν αὐ-
27. τοὺς πάλιν ἀννωνεύεσθαι παρασχόμενοι
28. τοῖς ἐξάσιν βασιλείσκοις βόας Μϡμ ὑπὲρ δὲ ε[ὐ]-
29. χαριστίας τοῦ μαι γεννήσαντος ἀνικήτου Ἄρεως
30. ἀνέθηκα αὐτῷ ἀνδριάντα χρυσοῦν ἕν[α] καὶ ἀργ[ύ]-
31. ραιον ἕνα κ(αὶ) χαλκοῦς Γ ἐπ' ἀγαθῷ

Zu dieser Umschrift des Facsimile ist noch Folgendes zu bemerken:

Z. 3. Das **I** von **ΙΟΠΩΝ** ist auf dem Abklatsche noch zu erkennen.

Z. 5. Das **C** von **ΚΑϹΟΥ** ist auf dem Abklatsche nicht ganz sicher von **Є** zu unterscheiden. Möglicherweise ist der mittlere Strich nur eine Verletzung des Steines.

Z. 9. Das im Corpus nach **ΑΔΗΦΑ** recipirte **C** ist gewiss falsch. Spuren des **N** sind noch erkennbar (Wilh.).

Z. 13. Das erste Zahlzeichen nach **ΤЄ** ist im Corpus unrichtig abgebildet.

Z. 14. Ebenso sind die Zahlzeichen in dieser Zeile im Corpus falsch wiedergegeben.

Z. 17. Das **C** von **ΠΑΝΤΑϹ** ist auf dem Abklatsche von **Є** nicht zu unterscheiden.

Z. 19. Die Zahlzeichen am Ende der Zeile sind im Texte des Corpus ganz falsch wiedergegeben, etwas genauer im Commentar, nach dem ersten Facsimile von Salt.

Z. 21. **ΜΗΝΑϹ** ist sicher. Zu Anfang Z. 22 scheint ein Zahlzeichen gestanden zu haben (Wilh.).

Z. 24. Die schon von Buttman vorgeschlagene Lesart **ΜЄΤΟΙΚΗϹΑΝΤЄϹ** wird bestätigt. Die Lesart des Corpus μετοικησαμ[εν καὶ] ist sonach abzuweisen (Wilh., Tkač).

Z. 26. Die Lesung **ΜΑΤΛΙΑ** steht nach dem Abklatsche gegen jeden Zweifel sicher, die anderen Lesungen im Corpus sind zu verwerfen.

Z. 28. Für die aus fünf sicher lesbaren Ziffern bestehende Gruppe steht im Corpus falscher Weise nur **ϛϹ**.

Z. 29. Völlig deutlich **ΜΑΙ** = μαι (Wilh.).

Im Allgemeinen kann bemerkt werden, dass Boeckh mit Unrecht an vielen Stellen die Lesarten des zweiten Facsimile von Salt denen des ersten vorgezogen hat (Wilh.).

Altäthiopischer Text (Bent I).

1	[illegible]	1
2	[illegible]	2
3	[illegible]	3
4	[illegible]	4
5	[illegible]	5
6	[illegible]	6
7	[illegible]	7
8	[illegible]	8
9	[illegible]	9
10	[illegible]	10
11	[illegible]	11
12	[illegible]	12
13	[illegible]	13
14	[illegible]	14
15	[illegible]	15
16	[illegible]	16
17	[illegible]	17
18	[illegible]	18
19	[illegible]	19
20	[illegible]	20
21	[illegible]	21
22	[illegible]	22
23	[illegible]	23
24	[illegible]	24
25	[illegible]	25

Uebersetzung.

1. 'Ayzān^{a}, König von Aksum^{m} und von Ḥomēr^{m} und Raydān^{m} und Ḥabašat^{m} und Saba'^{m} und
2. Salḥ^{m} und Ṣiyāmō^{m} und Kas^{m} und Begā^{m}, König der Könige, Sohn des Maḥrem, der nicht be-
3. siegt wird von Feinden. Als das Volk der Begā sich empört hatte, schickte er seine beiden Brüder Ša zān und Ḥadefāh, dass sie
4. sie bekriegen. Und nachdem sie zu ihnen gelangt waren, führten sie sechs Könige mit ihren Leu-
5. ten und ihren Geräten, die nicht am Boden hafteten, mit ihren Kindern und Wei-
6. bern und ihrem Gesinde fort. . . . .
7. . . . . nnd sie gaben zu trinken (?) . . . . und Rinder
8. . . . . und er gab ihnen Ehrengeschenke und versah sie mit Brod . . und
9. indem sie . . . . . . und sie führten sie aus ihren Ländereien . . . .

10. . . . . und ihr Fleisch,
11. welches er ihnen zu essen gab . . . .
12. . . . .
13. Rettung . . . . und schmückte sie
14. wo gross ist ihr Land . . . .
15. . . . . und sie werden sie nennen . . . . . . (18) dem Mahrem . . . . (21) und ihr Land . . . . . .

Commentar.

Z. 1. 𐩲𐩺𐩸𐩬. Die semitische Schreibung des Namens Ἀειζανας macht allen Hypothesen über die Etymologie dieses Namens ein Ende. Die Form Ἀειζανας neben Αἰζανας im Briefe des Kaisers Constantius hat eine rein lautliche Ursache; das griechische ει gibt die semitische Silbe *ay* nur unvollkommen wieder, weshalb zu dieser eigenthümlichen Schreibweise gegriffen worden ist. Aehnliches sehen wir in der Schreibung Ῥαειδαν für *Raydân* (𐩧𐩺𐩵𐩬, رَيْدَان). Abgeleitet kann 𐩲𐩺𐩸𐩬 werden von der Wurzel عزن, wovon im Arabischen der Causativ vorkommt (أعزن فلانا قاسمه فى النصيب), wahrscheinlicher ist jedoch die Ableitung von einer Wurzel med. *w* oder *y*, also عوز oder عيز. Von letzterer Radix bildet das Arabische verschiedene Eigennamen, so عَوْذ, عَوذى, عياذ, عَيْذ الله und عَيْذان بن عمرو بن ذى رُعَيْن جاهلىّ (*Muštabih*, 338), also ein Südaraber.

𐩬𐩴𐩦 steht hier noch für das äth. ንጉሥ, welches schon die folgende Inschrift bietet, ebenso heisst es Z. 2 𐩬𐩴𐩦|𐩬𐩴𐩦𐩬 für ንጉሠ፡ነገሥት, obgleich dem Schreiber das äthiopische Wort für ‚König' schon bekannt war, das er jedoch im Sinne von ‚Häuptling' anwendet; denn er übersetzt Z. 3 das griech. βασιλεῦσαι durch 𐩬𐩡𐩫𐩸𐩣.

𐩱𐩫𐩪𐩣𐩣 (mit Mimation) = አክሱም scheint ein Plural der Form أفعُل zu sein, welcher bei Bezeichnungen von Ort- und Stammesangehörigkeit im Arabischen und Sabäischen gern gebraucht wird. (Vgl. Langer, Reiseberichte, S. 49 = ZDMG., XXXVII, 367.)

𐩥𐩹𐩢𐩣𐩧𐩣 = Ὁμηριτῶν. Es scheint in der That neben der Aussprache *Himyar* (حِمْيَر) dialectisch auch die Aussprache *Ḥomair*, beziehungsweise *Ḥomêr* existirt zu haben. Das vorgesetzte 𐩹 ist Zeichen des Genitivs, wie ዘ in den Geez-Inschriften.

𐩥𐩧𐩺𐩵𐩬𐩣. Zu beachten sind hier zweierlei Dinge: erstens die Mimation, die im Sabäischen und Arabischen bei diesem Worte, wie es die bekannte Regel fordert, nicht vorkommt. Unerhört ist freilich die Mimation nach der Endung *ân* im Sabäischen nicht, so z. B. im Ortsnamen 𐩺𐩶𐩵𐩬𐩣 (يَغدان), aber betont muss besonders werden, dass in den sabäischen Inschriften immer 𐩧𐩺𐩵𐩬 ohne Mimation geschrieben wird. Ferner ist das Fehlen des 𐩹 vor Raydân zu beachten, was jetzt nicht ohne Interesse ist. Mordtmann hat nämlich in seiner jüngsten Publication[1] die These aufgestellt, dass der Stamm ‚Ḏû-Raydân' heisst (nicht Raydân), dass man also jetzt zu reden habe vom ‚König von Saba' und von Ḏû-Raydân'. Das Vorkommen des Wortes Raydân in unserer Inschrift ohne vorgesetztes 𐩹 bereitet dieser jungen Hypothese ein jähes Ende. Im Sabäischen ist also 𐩥𐩹𐩧𐩺𐩵𐩬 ‚und von Raydân' zu übersetzen.

[1] Himjarische Inschriften und Alterthümer, S. 72.

ꝺX3ΠΨ=. Die Mimation bei weiblichen Eigen- und Ortsnamen ist im Arabischen nur in Gedichten, wenn es das Versmass fordert, nachweisbar. Im Sabäischen fällt in den meisten Fällen das *m* ab, es sind aber zahlreiche Beispiele vorhanden, wo die auf *t* auslautenden nomina propria und nomina loci das *m* beibehalten. Vgl. ꝺX●Xh, ꝺX∘BΠ, ꝺXꝺ∘⋈, ꝺX◊3Կ, ꝺXΠ●3, ꝺXꝺΠ) etc. (Langer, Reiseberichte, S. 43 = ZDMG., XXXVII, 361.) Hervorzuheben ist noch, dass X3ΠΨ in den sabäischen und himyarischen Inschriften stets ohne Mimation geschrieben wird. Ueber die geographische und historische Bedeutung von *Ḥabašat* wird weiter unten gesprochen werden.

ꝺhΠሰ= ist ebenfalls, gegen den Usus im Sabäischen, mit Mimation versehen, während das Nordarabische bei سَبَأ die Nunation bewahrt hat.

Z. 2. ꝺΨ1ሰ=. Die Schreibung ꝺΨ1ሰ gegenüber ꝺԿΨ1ሰ in der folgenden Inschrift und ሰልሒን in den Geez-Denkmälern, sowie ԿΨ1ሰ (صلحين) in den sabäischen Inschriften und bei den arabischen Autoren, stimmt merkwürdigerweise mit griech. Σιλεῆ überein, kann daher wohl kaum ein Schreibfehler sein. Den Ausfall des *n* im griechischen und semitischen Texte kann ich nicht erklären, werde mich aber hüten, mit Glaser (Skizze II, 500) ꝺΨ1ሰ mit Σάλαον des Ptolemäus zusammenzustellen. Salḥin bleibt mir nach wie vor das Schloss der sabäischen Könige.

ꝸꝺ?ሰ= mit ሰ in dieser alten Inschrift ist ein neuer Protest gegen die Zusammenstellung mit تهامة, welche von Prof. Hommel erfunden und von Dr. Glaser begründet und in Curs gesetzt worden ist.

ꝺ7Π=1ꝺሰ6= haben die umgekehrte Reihenfolge des griechischen Textes: καὶ Βουγαειτῶν καὶ τοῦ Κάσου. Bent II und die Geez-Inschriften stimmen mit dem griechischen Texte überein.

Կ61ꝺ1|61ꝺ. Wie in diesem ältesten äthiopischen Texte die Mimation nicht nur bei Eigennamen, sondern auch an Appellativen vorkommt, ebenso erscheint an dieser Stelle der sabäische postponirte Artikel *ân*; Կ61ꝺ ist = ملوكان = أَلْمُلُوك: im Sabäischen lautet der Plural von 61ꝺ immer 61ꝺh (أَمْلُوك).

ԿΠ ‚Sohn' für das spätere ወልድ ist ebenfalls ein alterthümliches Wort, das dem Aethiopischen und seinen Dialecten abhanden gekommen und nur in በንተ፡ዐይን ‚pupilla oculi' erhalten ist.

ꝺꝺ>Ψꝺ = መሕረም der Geez-Inschriften und Ἄρεως der griechischen Inschrift.

h=ꝺX?hH. Wenn die ersten zwei Zeilen dieser Inschrift ebenso gut sabäisch als altäthiopisch sein konnten, so treten in dieser Wortgruppe eine echt äthiopische Wurzel und Bildung auf, die bis jetzt weder im Arabischen noch im Sabäischen nachgewiesen worden sind. Es ist dieselbe Wortgruppe, die wir schon aus den Geez-Inschriften kennen. ዘኢይትመወእ. Die Wurzel ሞእ ist ausschliesslich äthiopisch, und die Negation ኢ, die auch noch Z. 5 vorkommt, ist auf südsemitischem Gebiete lediglich im Aethiopischen nachweisbar.

Z. 3. ꝺ>>Bh steht an Stelle von ꝺ>B1 in Bent II und ሰበር der Geez-Inschriften, kann also nur Plur. = أَضْرَارًا sein, wobei in alterthümlicher Weise das Verb ይትመወእ direct mit dem Accusativ verbunden wird und nicht durch Präposition.

1?Πh|1ΠΠHΨ. Die Lesung dieser Gruppe ist nicht sicher. Auf das sichere ΠHΨ müsste ein Trennungsstrich folgen, der aber fehlt. Für das zweifelhafte 1 kann man auch

𐩮 lesen. Zu beachten ist aber, dass diese drei Worte der griechischen Phrase ἀταχτησάντων κατὰ καιρὸν τοῦ ἔθνους τῶν Βουγαειτῶν entsprechen. Die Worte κατὰ καιρὸν sind im äthiopischen Text nicht wiedergegeben worden. 𐩱𐩢𐩩 ist ohne Zweifel die Uebersetzung von ἔθνος, darauf muss nun 𐩮𐩧𐩱 folgen. Da jedoch nur zwei Buchstaben stehen, so kann der zweite Buchstabe entweder 𐩧 sein und dann ist die Mimation weggelassen, oder der zweite Buchstabe ist 𐩮 und das 𐩧 ist irrthümlicherweise vom Schreiber ausgelassen worden. Das dritte Wort muss die gleiche Bedeutung wie das griech. ἀταχτησάντων haben. Im Einzelnen ist noch zu bemerken: 𐩱𐩢𐩩 ist gleich äth. ሕዝብ, pl. አሕዛብ ‚Volk, Nation' und arab. حِزْب, pl. أَحْزَاب ‚Schaar, Truppe'. Während hier 𐩱𐩢𐩩 geschrieben wird, lautet der Plural Z. 5 und 6 𐩱𐩹𐩩𐩨 (أحزاب). Bekanntlich wurde das 𐩹 (ز) aus dem äthiopischen Alphabete ganz verdrängt und durch *d* ersetzt; das Schwanken in der Schreibung deutet darauf hin, dass schon in alter Zeit die Laute 𐩹 und *d* nicht mehr auseinandergehalten worden sind. Die Lesung 𐩺𐩱𐩨 ist nicht über jeden Zweifel erhaben, aber höchst wahrscheinlich. Die Bedeutung von አበየ ‚recusavit, repugnavit, noluit obtemperare' passt zu ἀταχτησάντων vortrefflich. Auch syntaktisch ist der griechische Genitivus absolutus durch den thatwörtlichen Infinitiv (አቢዮ) sehr passend ausgedrückt.

𐩨𐩾𐩡 (äth. ለአከ, arab. ألك) ist neben ፈነወ im Aethiopischen das gebräuchliche Wort für ‚schicken, senden', nur steht hier die dritte Person Sing., während es im Griechischen ἀπεστείλαμεν heisst.

𐩩𐩺𐩥𐩸𐩨 ‚seine beiden Brüder' (أخويه), griech. ἡμετέρους ἀδελφούς. Im Aethiopischen ist der Dual nicht mehr oder doch nur eine Spur desselben im Worte ክልኤ ‚duo, ambo' erhalten; hier haben wir noch eine richtige Dualform.

𐩮𐩠𐩢𐩥𐩳 ist das semitische Aequivalent des griech. Σαιαζανα (Σαζανα). Dadurch ist Glaser's kühne Zusammenstellung mit شاذان gerichtet. *Muštabih*, 265: وطالب بن شَغْوَذ الأزدي عن ابي هريرة فرد. Das arab.-pers. شَغْوذة ‚Taschenspielerkunst' und شَغْوَذِي ‚Courier' darf wohl kaum verglichen werden.

𐩩𐩲𐩢𐩩 = Ἀδηφαν (wie 𐩠𐩹𐩺𐩥 ohne Mimation). Eine Wurzel حدف kennt das Arabische nicht, wohl aber das Aethiopische, wo ሕድፍ ‚cervix' bedeutet.

𐩥𐩮𐩨𐩱𐩨𐩺 ‚um sie zu bekriegen' = τούτοὺς πολεμῆσαι. Im Nordarabischen ist die Radix صبا in der Bedeutung ‚bekriegen' durch حرب und غزو fast verdrängt worden, indessen heisst ja auch صَبَأ ‚den Feind überfallen' (صَبَأ على القوم اذا طرأ وأشرف عليهم). Dagegen ist im Hebräischen (צָבָא) und im Assyrischen (*sâbu* ‚Krieger') Wurzel und Bedeutung erhalten, ebenso im Sabäischen, wo z. B. die Rede ist von 𐩠𐩱𐩩𐩺|𐩨𐩱𐩨𐩥|𐩠𐩨𐩥𐩨|𐩨𐩱𐩨 ‚dem Kriegszug (Heer) des Ausân und Kriegszug Ilbd' (II. 154, 6) und 𐩳𐩨|𐩨|𐩱𐩨|𐩨𐩱𐩨𐩨 ‚den Kriegszügen, die er gegen sie ausführte' (Hal. 535, 11). Oefters kommt auch ፀብአ in der Geez-Inschrift vor (Rüppell I. 6. 8; II. 7. 14). Höchst auffällig ist die Weglassung des 𐩩 des Suffixes und die Schreibung des 𐩥 für das auslautende lange *ô*. Oder ist es für 𐩮𐩥𐩨𐩱𐩨𐩺 (ይፅብእዎሙ) verschrieben?

Wie man aus der Uebersetzung und Commentirung der drei ersten Zeilen der Inschrift sieht, sind sie eine genaue wörtliche Wiedergabe des griechischen Textes Z. 1—10. Die Differenzen, auf die bereits hingewiesen worden ist, sind sehr unwesentlicher Art. In dem griechischen Texte werden die Bega vor den Kasu angeführt, wie in Bent II und den beiden Geez-Inschriften von Aksum, während die semitische Version die Kasu vor den Bega nennt. Dass diese Differenz in irgend einem Zusammenhange mit dem Kriege gegen die Bega steht, von dem in dieser Inschrift berichtet wird, ist nicht sehr wahrscheinlich. Abgesehen von der richtigen Reihenfolge im griechischen Texte, wissen wir ja aus dem Monumentum Adulitanum, dass der Begründer des Aksumitenreiches bereits die Bega unterworfen hatte. Die Differenz ist also wohl nur einer Unachtsamkeit des Schreibers entsprungen, und man darf höchstens daraus den Schluss ziehen, dass der Titel des Königs officiell noch nicht feststand, worauf noch andere Spuren hinzudeuten scheinen.

Unwesentlicher Art ist auch der Zusatz des Wortes θεοῦ vor dem Gottesnamen, ferner der Gebrauch des Relativsatzes ‚welcher nicht besiegt wird von Feinden‘ für ἀνικήτου, was mehr auf sprachliche Ursachen zurückgeführt werden muss. Die Phrase κατὰ καιρὸν ist im Semitischen nicht wiedergegeben, endlich ist der Wechsel in der Person (ἀπεστάλκαμεν) zu beachten und im Semitischen der Dual.

Von der vierten Zeile ab folgt der semitische Text dem griechischen nicht mehr wörtlich. Die Phrasen weichen zum Theil ziemlich stark von einander ab und haben auch vielfach eine andere Reihenfolge. Es lassen sich jedoch mehrere Stellen als die ungefähre Wiedergabe des griechischen Textes wohl erkennen. Die correspondirenden Phrasen werden im Folgenden nach Thunlichkeit zusammengestellt werden.

Z. 4. ΟΥ?ΠΛ>Υ | ΟΟΨΑΠ∞ ist eine etwas concise Wiedergabe des griech. καὶ παραδεδωκότων αὐτῶν ὑποτάξαντες αὐτοὺς ἤγαγον πρὸς ἡμᾶς. Die Radix ብጽሕ ist gut äthiopisch und bedeutet attingit, pertingit, assecutus est, supervenit. Durch das Fehlen der Conjunction, welche beide Verba verbinden müsste, ist zu erkennen, dass auch hier die griechische Construction nachgebildet worden ist. Im ersten Verbum ist Neben- oder Vordersatz, im zweiten Nach- oder Hauptsatz enthalten. Wir müssen daher im ΟΟΨΑΠ∞ einen thatwörtlichen Infinitiv sehen (= ወብጺሖሙ): das auslautende ሙ ist enklitischer Ansatz. In dem Worte ΟΥ?ΠΛ>Υ ist das ? nicht deutlich; möglicherweise ist Ч zu lesen. Ein äusserst schmaler Buchstabe scheint mir sicher dagestanden zu haben. Wenn die Lesung des ? gesichert wäre, hätten wir hier einen Dual des Verbums im Perfectum, wie er im Sabäischen wiederholt nachgewiesen worden ist. Die Wurzel ረክበ im Causativ scheint dem griech. ἤγαγον zu entsprechen. Zu beachten ist auch das Ψ als Causativzeichen für äth. አ, während weiter unten, Z. 8, ein Beispiel des Causativs mit präfigirtem ከ vorzuliegen scheint.

ΟΧ3ΊЧ | ΟΧΛΗΛ ‚sechs Häuptlinge‘, womit der griechische Text Z. 18: οἵτινες ἦσαν τὸν ἀριθμὸν βασιλίσκοι ἕξ zu vergleichen ist. ΟΧΛΗΛ ist gleich äth. ሰድስቱ, wobei die Art der Verbindung mit dem Gezählten charakteristisch ist. In allen semitischen Sprachen wird das Zahlwort 3—10 in der Regel mit dem Gezählten durch den Stat. const. verbunden, im Aethiopischen dagegen ist die Beiordnung Regel. In dem einzigen Beispiele der Verbindung der Zahl mit dem Gezählten tritt hier die Apposition ein. Im Gegensatze zu ΛΊΟ βασιλεὺς bezeichnet ΟΧ3ΊЧ (ነገሥት) βασιλίσκοι ‚Häuptlinge‘.

ΟΟΥΠΧΨΗ | ΊΛΟ ‚mit ihren Stämmen‘ = σὺν τῷ ὄχλῳ αὐτῶν (Z. 19). In ΊΛΟ tritt hier schon die dem Aethiopischen allein eigenthümliche Präposition ምስለ auf, die auch Z. 5 und wiederholt in Bent II vorkommt. Das Arabische hat bekanntlich مع, das Sabäische Ο∞ (= hebr. עם). Dem Etymon nach ist ምስለ aus مثل hervorgegangen, das *th* ist also zu *s* geworden. Ueber ΠΧΨΗ ist schon oben zu Z. 2 gesprochen worden.

Z. 5. |ወ>ΨΠከ|ወዘ1ፃከ|ወወ∞ፃԿከ∞ ‚und ihre Geräthe, welche nicht am Boden haften' ist das Aequivalent des griech. καὶ κτηνῶν νωτοφόρων.[1] In ∞ፃԿከ (wofür man freilich ፃ∞Կከ erwarten müsste) erkenne ich nämlich ein Wort, welches dem äth. ንዋይ, pl. ንዋያት ‚vas, vasa, utensilia' oder dem arab. إناء, pl. آنية ‚Gefäss' verwandt ist. Das folgende Wort ወዘ1ፃከ halte ich gleich ኢ (Negation) + ወዘ1ፃ = يَلْزَمُ. Das arab. لَزِمَ bedeutet ‚an etwas haften' (دام, ثبت) und wird mit dem Accusativ verbunden, wie hier 8>ΨΠከ, was wohl አም፡ብሔር gelesen werden kann, hier aber eine Pluralbildung (أفعال) darzustellen scheint.

Z. 5/6. ወΨΠ8Ψከ∞|ወወXሰԿከ∞|ወ፥፥ዘ|1ሰወ = ምስለ፡ደቂቆሙ፡ወእንስሳቲሆሙ፡ወአሕማሊሆሙ፡ Man beachte das echt äth. ደቂቅ für ዘ1∞ከ (ولد) der sabäischen Inschriften, ferner XሰԿከ für X8Կከ (mit Uebergang von 8 in ሰ) und endlich die Verschiedenheit im Ansatz des Suffixes. Nach den Collectiven ደቂቅ und እንስሳት fehlt das *h*, während es im Plural አሕማል wegen des Bindevocals *i* behalten worden ist. Im Griechischen entsprechen dieser Phrase die Worte (Z. 12) μετὰ καὶ τῶν θρεμμάτων αὐτῶν; der Zusatz βοῶν τε ... καὶ προβάτων ... scheint in der äthiopischen Uebersetzung zu fehlen.

|ወወከΠ|ወΠ1Ψ|ዘԿከ|ወ∘>ሰ|ΠፀΘ. Hierfür scheint im griechischen Texte kein passendes Aequivalent sich zu finden. Erschwert wird das Verständniss durch die zweifelhaften Lesungen; die mit Punkt bezeichneten Buchstaben sind unsicher. Der Sinn der Phrase scheint ungefähr zu sein ‚indem sie ihre jungen (Thiere? تَوْرِع) erfassten (ضبّ), indem sie wegnahmen (አኅዘ) ihre Säuglinge (?) nebst den Müttern'.

Z. 7. Wenn die Lesung ፃፃXሰ ‚sie gaben zu trinken' richtig ist, so darf man hierin die Uebersetzung von ποτίζοντας (Z. 16) erkennen. Das Wort ወወΨ1∞ (äth. ሲሳይ) ist mit βόσιν (Z. 15) zusammenzustellen.

Z. 8. |ወΨ8ΠԿከ∞|ወ>Πሰ∞. Man ist zunächst geneigt zu übersetzen ‚und sie ehrten sie und gaben ihnen Brot', indem man τούτους οὖν δωρησάμενοι (Z. 23) und ἀννωνευόμενοι καθ' ἑκάστην ἡμέραν ἄρτους σιτίνους (Z. 20/1) vergleicht. Zu >Πሰ wäre dann äth. ሐበረ und zu 8ΠԿከ, äth. ኀበዘ ‚coxit panem' und daneben auch im Aeth. ኅብስት ‚panis' (arab. خُبْز) heranzuziehen. Auffällig bliebe aber dann die Verschiedenheit im Suffix, wo an erster Stelle das *h* ausgefallen, an zweiter beibehalten ist. Es ist deswegen auch möglich, dass ወ>Πሰ∞ Adjectiv ist = كَبِيرًا.

Z. 9. Anfangs steht das Wörtchen ዘԿከ, worin man die dem Aethiopischen eigenthümliche Conjunction እንዘ ‚indem' erkennen darf. Das darauffolgende ፃ8ከፃ ist durch die Erhaltung des alten Zeichens 8 interessant, die Bedeutung der Radix ፃ8ከ (= ፃሰከ?) kann ich nicht bestimmen. Ob in ወሰ7ከ, äth. አም፡ገጸሙ ‚ihnen entgegen' zu erkennen ist, zweifle ich, da das *m* sonst nur vor Lippenlauten elidirt wird. Oder ist ሰ7ከ pl. von ገጽ (أثقال)? — Am Ende der Zeile steht deutlich ወወ>ΨΠከ|ወ∞∞Θ∞ ‚und sie führten sie fort aus ihrem Lande', ganz äthiopisch: ወአውፅኦሙ፡እምብሔሮሙ፡, eine genaue Wiedergabe der griechischen Phrase Z. 24/5 αὐτοὺς μετοικήσαντε[ς κατεστήσαμεν ἔς τινα τόπον τῆς ἡμετέρας χώρας]. Zu beachten ist >ΨΠከ für አም፡ብሔር wie in den Geez-Inschriften.

[1] Die griechische Phrase würde man lieber ‚Lasttragende Thiere' übersetzen, aber νωτοφόρος bedeutet ‚auf dem Rücken getragen', und letztere Bedeutung stimmt mit dem semitischen Wortlaute überein.

Z. 10 am Anfang steht vielleicht ΠẎ1•1 = ላዕሌሆሙ ,über ihnen, gegen sie' und am Ende der Zeile Π7З∞, welches wahrscheinlich mit äth. ሥጋ ,Fleisch' zusammenzustellen ist.

Z. 11 folgt ΠΠ1ᏒҺ٩Ħ ,welches er ihnen zu essen gibt' (θρέψαντας αὐτοὺς βόεσιν, Z. 15) und am Ende der Zeile und Anfang Z. 12 ΠXΠ٩ሉ|ΠX٩>◊∞, über dessen Bedeutung ich keine Vermuthung wage.

Z. 12 zu Ende steht sicher ΠΠ∞8··Π, was ich nur wegen des Zeichens 8 notire.

Z. 13, Anfang Π٩7ЧΠ = sab. Π٩7ЧΠ (arab. منجاة?) und zum Schlusse der Zeile ∞7>7ሖҺ∞|ΠΠҰΠሖ, womit äth. አሠርጎ ,ornavit, comsit' verglichen werden kann.

Z. 14 ist wieder gegen Schluss eine zusammenhängende Phrase zu erkennen |ЧҺ∞ Π>ΨΠ|>ΠᏒ٩ ,wo er gross machen wird ihr Land', wobei das dem Aethiopischen eigenthümliche adverbiale Relativ ሎእደ zu beachten ist.

Z. 15 ist vielleicht |Π∞٩Πሖ٩∞ ,und sie werden sie nennen' zu lesen und zu übersetzen.

In den folgenden Zeilen sind nur einzelne Wörter zu erkennen, deren Bedeutung bei mangelndem Zusammenhang zum Theil unsicher ist, so ሖЧᏒ٩ (Z. 16); ΠΠ>ΨΠ1 ,dem Maḥrem', d. h. dem Gotte Ares (Z. 18); Π>ΨΠ∞ ,und ihr Land' (Z. 21); ΠᏒЗ٩ (Z. 23); ΠᏒΠ1Ψ (Z. 24, vgl. Z. 6) und ∞1Ħ (Z. 25).

Von da ab bis Z. 40 sind Stein und Abklatsch so verwischt, dass kaum einzelne Buchstaben zu lesen sind. In der letzten Zeile sind gegen Ende folgende Zeichen noch erkennbar: ··X····ᏒΠẎ·Π1. Die semitische Inschrift enthielt, nach meiner Berechnung, ungefähr dreimal soviel als die griechische.

Nachdem wir die Inschrift, soweit es der Zustand des Steines und des Abklatsches gestattet, gelesen haben, können wir den Werth des Salt'schen Facsimile (A Voyage to Abyssinia, London 1814, p. 414) beurtheilen.

Die erste Gruppe, welche Salt mit den Worten: ,Caracters in the fifth line' bezeichnet, lautet auf dem Abklatsche, Z. 5, Anfang Һ|ΠΠ∞٩ЧҺ∞|ΠΠYΠX. Die zweite Gruppe, ,In the middle of the inscription' überschrieben, entspricht dem Schlusse der Z. 15 |Π∞٩Πሖ٩∞ ∞|Π٩YΠ. Die letzten zwei Gruppen, durch die Worte: ,End of the last line but one' und ,Last line entire' gekennzeichnet, sind auf dem Abklatsche nicht mehr nachzuweisen, sie enthalten auch Buchstabenformen, die ganz von denen unserer Inschrift abweichen und in dieser Art nie existirt haben.

— —

Obgleich die griechische Inschrift von Aksum schon vielfach commentirt und deren historische Bedeutung hervorgehoben worden ist,[1] bietet dennoch die semitische Version eine Reihe von interessanten Aufklärungen, die ich hier in Kürze besprechen möchte. Diese Inschrift ist wie das Monumentum Adulitanum von einem König von Aksum gesetzt worden, der sich υἱὸς θεοῦ ἀνικήτου Ἄρεως nennt. Aus Dankbarkeit für die Siege bringt er dem Gotte Ares drei Standsäulen dar. Der König war also Heide und mit griechischer Sprache und Religion vertraut.

Durch einen Brief des Kaisers Constantius[2] aus dem Jahre 356 n. Chr. an Αἰζανᾶς und Σαζανᾶς, Könige von Aksum, an dessen Ende sie ἀδελφοὶ τιμιώτατοι genannt werden,

---

[1] Vgl. insbesondere Vivien de St. Martin im Journal asiatique, VI, 2, p. 363 ff., und A. Dillmann, Die Anfänge des axumitischen Reiches, S. 205 ff.

[2] In Athanasii Apolog. ad Constantium ed. Benedict. I, 315

ist das Alter der Inschrift annähernd bestimmt. Wichtig ist dieselbe besonders durch den Titel des Königs. Er nennt sich nicht nur König von Aksum und anderer afrikanischer Gebiete (Τιαμω, Βουγαειτων, Κασου), sondern auch ‚König der Homeriten und von Raydân, der Aethioper, der Sabäer und von Sileê', woraus mit Sicherheit geschlossen werden darf, dass die Aksumiterkönige ihre Eroberungen auf das Mutterland, auf das alte Reich der Sabäer und Himyaren ausgedehnt und kürzere oder längere Zeit auch jenseits des Rothen Meeres geherrscht hatten. Die Thatsache selbst ist für diese Zeit sonst weder von griechischen noch arabischen Schriftstellern erwähnt, aber nicht minder wahr und in den Verhältnissen begründet. Wenn uns einerseits das Monumentum Adulitanum von einem Kriegszuge eines Aksumiterkönigs nach der arabischen Küste berichtet und wir andererseits von der Eroberung Südarabiens durch die Aethioper um 525 wissen, so muss von vorneherein vorausgesetzt werden, dass die Kämpfe zwischen den zwei rivalisirenden Völkern auch in der Zwischenzeit fortgedauert haben.

Der König, welcher die Inschrift gesetzt hat, nennt sich Αειζανας (in dem Briefe des Constantius Αιζανας). Man hat sich verschiedenfach Mühe gegeben, das äthiopische Aequivalent hierfür zu finden. Am meisten Anklang hat die Hypothese gefunden, dass Αειζανας mit Ela-San der äthiopischen Königslisten (regierte um 351—364) identisch sei. Die griechische Form suchte man als ἀεὶ ζῆν zu erklären, welche eine griechische Schmeichelei an den Monarchen sein sollte. A. Dillmann hat diese Identification mit kritischer Einsicht abgelehnt und keinen Versuch gemacht, aus den unzuverlässigen Listen und den noch unzuverlässigeren Zahlen irgend welche Schlüsse zu ziehen.

Andere haben versucht Αειζανας und Σαιαζανας mit Ela-Abreha und Ela-Aṣbeḥa zusammenzustellen, welche letztere von der äthiopischen Ueberlieferung als die Gründer des Haupthelligthums in Aksum, unter deren Regierung die Bekehrung der Aethioper zum Christenthum stattgefunden haben soll, bezeichnet werden. Auch die Nichtigkeit dieser Aufstellung hat Dillmann (II, 17) bewiesen.

Erst Herrn Dr. Ed. Glaser war es vorbehalten, die beiden Könige Aizanas und Sazanas in der südarabischen Sage zu entdecken. Ich lasse hier Herrn Glaser selbst das Wort zur Begründung seiner kühnen Entdeckung[1] und theile die Stelle in extenso mit, weil sie für die Glaser'sche Art, Geschichte zu construiren, charakteristisch ist:

‚Da wir [im Jahre] 378 bereits Melikikarib Juha'min inschriftlich als König von Südarabien kennen, so muss dieser Jemenide den Sazanas abgelöst haben.

In der That rühmt sich sein Sohn Abûkarib As'ad, den wir inschriftlich neben Melikikarib für das Jahr 378 kennen, in einem Gedichte (Kremer, S. 86, Vers 20): ‚Ich bin Abûkarib und mein Khâl ist ياسر, der Herr der Krone, شمم und sein Sohn Šâdân (شاذان)'. Kremer emendirt die undeutlichen Worte zu *Jâsir* und *Jun'im*. Das mag wohl einer der Copisten einmal so verstanden und auch copirt haben; allein wenn wir wissen, dass Jâsir Jun'im um 270 lebte und schon 281 nicht mehr existirte — da ist schon [dessen Sohn] Šammar Juhar'iš bezeugt — dann ist es klar, dass Jâsir nicht der Onkel, Schwiegervater oder Schwager des Abûkarib As'ad sein kann. Ebenso wissen wir aus den Inschriften, dass Jâsir's Sohn nicht Šâdân, sondern Šammar Juhar'iš geheissen hat. Berücksichtigen wir aber die Jahreszahlen, dann finden wir sofort, dass Abûkarib As'ad um nicht viel jünger ist als die Brüder Aizanas und Sazanas. Diese können also mit ihm verwandt oder verschwägert gewesen sein. Da ist es nun sofort klar, dass Šâdân kein Anderer ist als Sazanas, und dass die undeutlichen Worte nichts weiter sind als das Epitheton des Šâdân, wahrscheinlich *Beese Ḥalen*, so dass der Vers zu restituiren wäre:

وأنا ابو كرب وخالى باســـــه ذو التاج حلن واسمه شـــــاذان

[1] Skizze der Geschichte und Geographie Arabiens, II, S. 624 ff.

zumal ohnehin nur von Einem Khâl die Rede ist, also: ‚Ich bin Abûkarib und mein Khâl ist Bosse, Herr der Krone, Ḥalen, und sein Name ist Šâḏân.'

Haben wir aber einmal Sazanas in der südarabischen Tradition gefunden, dann dürfte auch Aizanas nicht weit sein. Im zweiten Capitel der Skizze dachte ich an مزان oder dergleichen. Jetzt glaube ich Aizanas oder Azanas in Udainah (أذينة) der Tradition zu erkennen. Die Form Udainah (Diminutiv) entspricht offenbar äthiopisch Azêna, während die einfache Form Adanah (أذنة) dem äthiopischen Azana oder Azâna gleichkäme. Daher wohl kommt der neuere Name des Wâdi von Ma'rib, das in der älteren Zeit Jesrân und erst später, wahrscheinlich seit der ersten Aethioperinvasion Adana (أذنة), jetzt vulgär Denneh heisst. Udainah nun heisst in der südarabischen Tradition Udainah es-Ṣabbâḥ, und ebenso nennt die Tradition einen Tubba' der älteren Zeit Abraha (ibn el-Ḥârith er-Râiš). Dieser Abrahah wird zwar als Vater des Ifriḳis bezeichnet; Ifriḳis jedoch haben wir um und nach 270 angesetzt. Da Abrahah in der Tradition auch als Sohn Šaraḥbils (Kremer 65) betrachtet wird, so ist klar, dass er in den Tubbalisten nicht am rechten Platze steht. Er ist aber weder Sohn Šaraḥbils, dessen Nachkommenschaft inschriftlich bekannt ist, noch ist er der Vater des Ifriḳis, sondern ersichtlich identisch mit dem Abreha[1] der Abessyner. Unter Abreha und Aṣbeḥa kam Frumentius (nach Dillmann kurz vor 356, also wohl um 354) als Bischof nach Aksum. Abreha und Aṣbeḥa müssen daher identisch sein mit Sazanas und Aizanas. Sonach ist der Abrahah der südarabischen Tradition kein Anderer als Sazanas oder Šâḏân, während Aṣbeḥa und Udainah es-Ṣabbâḥ eins sind mit Aizanas. Nun verstehen wir den Vers 7 des Gedichtes von Ḳuss ibn Sâ'idah (Kremer 74):

‚Sie (die Zeit) vernichtete Abûkarib und 'Amr vor ihm,
Und zerstörte das Reich des Udainah es-Ṣabbâḥ'

wie nicht minder den Vers 17 desselben Gedichtes:

‚Es lastete das Geschick auf dem Sohne des Zertrümmerers seines Thrones
(nämlich des Šammar)
Und auf Udainah, um dessen Verlust Wehklagen erschallen.'

So weit Glaser. Fassen wir die Resultate zusammen, die sich aus diesen Raisonnements ergeben, so ist Aizanas = 'Adanah (أذَنَة oder أُذَيْنة) und Sazanas = Šâḏân (شاذان). Dieser 'Udainah hat aber den Beinamen ḏû-Ṣabbaḥ, augenscheinlich also denselben Beinamen, den Aizanas in den äthiopischen Königslisten führt, nämlich Aṣbeḥa. Ja, Herr Glaser weist sogar durch eine ganz leichte Manipulation (durch Veränderung zweier Wörter) den Beinamen des Begründers der beiden Geez-Inschriften, *Bese-Ḥalen* neben Šâḏân, in demselben Verse nach.

Unglücklicher Weise erhält dieses kunstreiche historische Gewebe aus Hypothesen und Conjecturen einen klaffenden Riss. Die bis jetzt ganz verwischt geglaubte altäthiopische Inschrift auf der Rückseite der Salt'schen Inschrift kann nach dem Bent'schen Abklatsch gelesen werden, und da stehen die beiden Namen Aizanas und Sazanas in sabäischen Buchstaben geschrieben; sie lauten in arabischer Umschrift عيزان und شعزان. Die Identificationen mit Ela-San, sowie mit Abreha und Asbeḥa erweisen sich demnach als hinfällig, und eine Zusammenstellung mit أذنة und شاذان ist lautlich für gewöhnliche Menschen ausgeschlossen. So haben die wenigen Buchstaben den ganzen Zauberspuk von Hypothesen gebannt!

Noch ein anderes Wort der altäthiopischen Version ist von historischer Bedeutung, ich meine das Wort *Ḥalasot*, welches dem Α[illegible] des griechischen Textes entspricht. Bekanntlich unterscheidet sich der Titel des Königs auf der griechischen Inschrift von Aksum

[1] Glaser schreibt hier und in den folgenden Zeilen Abreḥa, was wohl nur Druckfehler ist

von dem auf den Geez-Inschriften gerade durch den Zusatz καὶ Αἰθιόπων. Zunächst erhalten wir hiedurch die Bestätigung der Annahme, dass Αἰθιοπία nicht identisch ist mit dem Reich von Aksum, wie dies bereits oben in Bezug des Monumentum Adulitanum nachgewiesen worden ist. Der Gründer des Monumentum Adulitanum hatte das sabäo-himyarische Reich nicht erobert, sondern war auf seinen Kriegszügen bis (ἕως) an die Grenze des sabäischen Landes gekommen. Auch Aethiopien hatte er nicht unterworfen, sondern die angrenzenden Völker bis (μέχρι) in die Gegend Aethiopiens. In unserer Inschrift ist der Aksumiterkönig auch Herr des sabäo-himyarischen Reiches und Aethiopiens. Aus der Anführung Aethiopiens nach den Homeriten und Raydân und vor den Sabäern hat man mit Recht geschlossen, dass es sich hier um eine Dependenz des himyarischen Reiches handelt, welche nach Eroberung des Stammlandes eo ipso auch dem Eroberer zufiel.[1] Nun wissen wir aus dem Periplus, dass zu seiner Zeit Azania unter der Oberherrschaft des Königs von Ẓafar stand. Dieses Gebiet oder der südlichste Theil desselben scheint nun mit Αἰθιοπία gemeint zu sein. Der geographische Begriff Αἰθιοπία ist äusserst schwankend und wechselnd. Ursprünglich die südlich von Aegypten gelegenen Länder bezeichnend, wurde es nach und nach immer mehr auf die südlich neu entdeckten Gegenden ausgedehnt, und erst im Mittelalter wurde Aethiopien der Name für den Ländercomplex, welchen die aksumitischen Könige sich unterworfen hatten.

Ein ähnliches Schicksal wie das Wort Αἰθιοπία hat auch das südarabische Wort *Ḥabašat* gehabt. Es bezeichnet bei den Arabern das Reich der Könige von Aksum und allgemeiner die Arabien gegenüber gelegene afrikanische Küste südlich von Aegypten. In den sabäischen Inschriften erscheint Ḥabašat (ΧꟻΠΨ) auf einer dem Gotte Ta'lab geweihten Inschrift (Sabäische Denkmäler, Nr. 9, S. 35) in Verbindung mit dem Stamme Ḥâšid. In Glaser 424 werden (nach Glaser, Skizze I, 97) Ḏu-Raidân und die Himyaren als Bundesgenossen der Ḥabašat im Kriege gegen Saba' angeführt. Andere Inschriften aus späterer Zeit, in denen der Ḥabašat gedacht wird, gehören (nach Glaser, Skizze I, 98) einer Epoche an, in der wir ausschliesslich mit den afrikanischen Ḥabašat zu thun haben. Jedoch kann ich mir darüber, so lange die Inschriften nicht veröffentlicht sind, kein Urtheil bilden. Anders verhält es sich mit Glaser 830, die jüngst von Mordtmann veröffentlicht worden ist. Diese Inschrift ist nach meiner Auffassung von Alhân, dem König von Saba', gestiftet worden zur Erinnerung an das Bündniss, das er mit Gadarat, dem König der Ḥabašat, geschlossen hat. Die wichtigste Stelle ist von Glaser und Mordtmann missverstanden worden und folgendermassen zu übersetzen (Z. 11): ‚Und dass in Treue und Aufrichtigkeit sich verbrüdern Salḥin (das Königshaus und Schloss von Saba') und Zurârân (das Königshaus und Schloss der Ḥabašat) und 'Alhân (König von Saba') und Gadarat (König der Ḥabašat)'.[2]

Während in dieser Inschrift der König der Ḥabašat gewiss nicht mit dem Könige von Aksum identisch sein kann, unterliegt es keinem Zweifel, dass in den jüngsten zwei datirten Inschriften unter Ḥabašat die Aksumiten zu verstehen sind.

Die Inschrift von Ḥuṣn Ghurâb übersetze ich zum Theil im Anschlusse an Mordtmann (ZDMG., XXXIX, 231) und Glaser (Skizze I, 7):

‚Simyafa' Ašwa' und seine Söhne . . . haben geschrieben diese Inschrift in der Burg Mawijjat (Ḥuṣn Ghurâb), als sie wiederherstellten ihre Mauern, ihre Brunnen,

[1] Vgl. A. Dillmann, Die Anfänge des aksumitischen Reiches, S. 207

[2] Die Begründung dieser Uebersetzung und Auffassung gebe ich im Anhange

ihre Cisternen und ihre Pässe, als sie sich darin befestigten, als die Abessinier dieses Land eroberten und die Abessinier die (Handels)strasse gründeten im Lande Himjar, nachdem sie getödtet hatten den König der Himjar und seine Fürsten die himjarischen und arhabitischen. Im Monate Ḏu-Higgatan des Jahres 640 (= 525 n. Chr.).'

Eine höchst interessante Inschrift theilt Glaser (Skizze, I, S. 4) mit, welche beginnt: ‚In der Macht und in der Hilfe und in der Barmherzigkeit des Allbarmherzigen und seines Messias und des heiligen Geistes', und von dem Statthalter des Königs von Aksum, von Abraha gesetzt worden ist. Datirt ist diese Inschrift an zwei Stellen 657 und 658, welche Zahlen (nach Glaser's Beweisführung) den Jahren 542 und 543 n. Chr. entsprechen.

Dass in diesen beiden Denkmälern unter Ḥabašat nur die Aksumiten verstanden werden können, steht ausser Zweifel. Ueber die Bedeutung des Wortes in älterer Zeit gehen die Meinungen auseinander. Mordtmann sucht in den Ḥabašat ‚überall dasselbe Volk, d. h. die afrikanischen Abessinier' und beruft sich hiebei auf Gl. 830, Zeile 15, wo die Rede ist von Kriegen zu Wasser und zu Lande. Da wir gesehen haben, dass in den letzten Inschriften sicher die Aksumiter gemeint sind, so wären also nach Mordtmann die Ḥabašat immer die Aksumiten, was unzulässig ist. Dagegen nimmt Glaser an, dass die Ḥabašat in älterer Zeit in der Nähe der Ḥâšid gehaust haben, später nach Mahra und von da nach Abessinien ausgewandert sind.

Die Erwähnung der Ḥabašat in der Bilinguis von Aksum aus der Mitte des 4. Jahrhunderts wirft nun ein eigenthümliches Streiflicht auf diese dunkle Frage. Daraus können wir Zweierlei lernen: Erstens, dass um diese Zeit die Könige von Aksum ihr Reich nicht für identisch gehalten haben mit dem der Ḥabašat, die also noch eine gesonderte Existenz hatten; zweitens, dass diese Ḥabašat genau dem griechischen *Αἰθίοπας* entsprechen und also in Afrika zu suchen sind.

Um nun die verschiedenen Angaben über die Ḥabašat und die verschiedenen Bedeutungen des Wortes in den Inschriften und bei den arabischen Schriftstellern in Einklang zu bringen, stelle ich mir die Geschichte dieses Wortes folgendermassen vor. *Ḥabašat* von der Wurzel حبش ‚versammeln' bezeichnet ursprünglich ‚union, société', d. h. eine Gesellschaft von sabäischen und himjarischen Handelsleuten, welche die Ausbeutung der Weihrauch- und Zimmtländer zum Zwecke hatte. Die Hauptthätigkeit der Gesellschaft war an der afrikanischen Küste, in dem Weihrauchlande der Barbaren und weiter südlich an dem Küstenstriche, der mit Azania bezeichnet wird. Die Gesellschaft hatte aber wohl auch Factoreien an den verschiedenen Küsten Arabiens, wo sie entstanden ist, daher das Auftauchen der Ḥabašat in der Nähe der Ḥâšid und in Mahra (Ἀβασηνοί). Dass daneben Könige der Ḥabašat erwähnt werden, darf nicht auffallen, wenn man die Colonisirung Indiens und Afrikas durch Gesellschaften kennt und zum Theil mit erlebt hat.

Die an der afrikanischen Küste gelegenen Länder waren also den Sabäern unter dem Namen der Ḥabašat bekannt. Als aber später die Aksumiterkönige sich dieser Küstenstriche bemächtigt hatten, wurde dieser alte, den Südarabern wohlbekannte Name auf das Reich von Aksum übertragen, welches bei ihnen das Reich der Ḥabašat hiess. Da Ḥabašat in der Folge immer mehr mit Aksum identificirt worden ist, so haben die Geez-Inschriften Ḥabašat im Titel des Königs weggelassen.

Königs-Inschrift von Aksum (Bent II, auf Tafel 2).

Zu den wichtigsten Funden Bent's gehört die 29zeilige Inschrift von Aksum, die ebenfalls in sabäischer Schrift linksläufig abgefasst ist. Im Gegensatze zur Bilinguis ist die Schrift sehr sorgfältig ausgeführt und vielfach verziert. Sie ist auch nicht so verwischt als jene und, so weit sie erhalten ist, gut lesbar. Dagegen fehlt eine griechische Uebersetzung, die bei der Entzifferung der Bilinguis so gute Dienste geleistet hat. Was aber den Wert dieser Inschrift sehr beeinträchtigt, ist der fragmentarische Zustand des Steines, der rechts, links und unten beschädigt erscheint. Die ersten fünf Zeilen, welche den Namen und Titel des Königs enthalten, lassen sich nach der Bilinguis und den Geez-Inschriften von Aksum zum Theil mit voller Sicherheit ergänzen. Daraus ersieht man, dass die Zeilen ursprünglich etwa je 30 Zeichen gezählt haben. Da Zeile 2—5 durchschnittlich 20 Zeichen und die weiteren Zeilen nur je 15 Zeichen im Durchschnitt haben, so muss an der oberen Seite etwa der dritte Theil rechts abgebrochen worden sein. Von Z. 6 ab ist die Inschrift an beiden Seiten beschädigt und fehlt etwa die Hälfte der Zeile. Wie viel Zeilen unten noch gestanden haben, lässt sich nicht mehr ermitteln. Dass durch eine derartige Beschädigung die Entzifferung sehr erschwert wird, braucht wohl kaum gesagt zu werden. Das Alphabet gehört, wie das der Bilinguis, der jüngsten Epoche der sabäo-himjarischen Schrift an. Das Zeichen für *th* (𐩸) fehlt, dagegen kommt 𐩼 vor, was in Bent I nicht nachzuweisen ist. Ausserdem finden sich zwei neue, aus älteren differenzirte Zeichen, von denen weiter unten die Rede sein wird.

Dass diese Inschrift älter ist als die beiden Geez-Inschriften, wo die Umbildung der äthiopischen Schrift in eine Vocalschrift schon vollkommen durchgeführt erscheint, leuchtet schriftgeschichtlich von selbst ein. Dagegen scheint sie jünger zu sein als die Bilinguis. Sprache und Schrift haben inzwischen einen nationalen Charakter angenommen. Dies zeigt sich nicht nur in der Weglassung der griechischen Uebersetzung, sondern auch in der Ausstossung der sabäisirenden Formen. So steht hier schon für das alte *malik* der Bilinguis das moderne *negûs* und für das gemeinsemitische *bin* das dem späteren Aethiopisch eigenthümliche *wald*. Dieser Voraussetzung entspricht vollkommen der Name des Königs, der, wenn nicht Alles trügt, in der ersten Zeile zu lesen ist. Der Königsname wird geschrieben [sabäische Schrift], ich lese ihn Ela-'Amìdâ und erinnere daran, dass der Vater des Stifters der Geez-Inschriften [äthiopische Schrift] heisst. Dass unsere Inschrift von jenem Ela-'Amìdâ herrührt, scheint mir zweifellos.

Text.

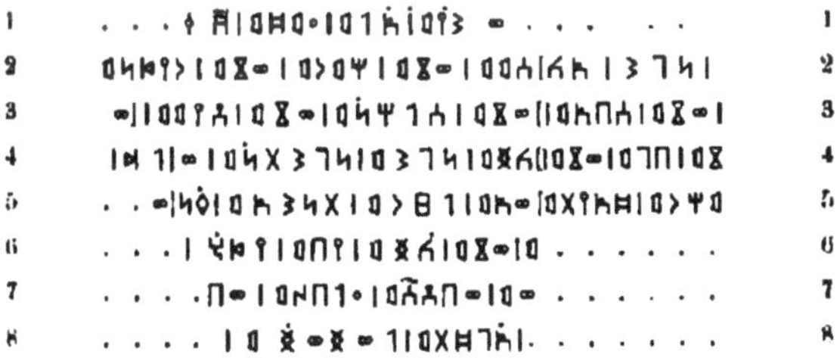

1 . . . [sabäische Schrift] 1

2 [sabäische Schrift] 2

3 [sabäische Schrift] 3

4 [sabäische Schrift] 4

5 . . [sabäische Schrift] 5

6 . . . [sabäische Schrift] 6

7 . . . . [sabäische Schrift] 7

8 . . . . [sabäische Schrift] 8

9 . . . [illegible] . . . 9
10 . . . [illegible] . . . 10
11 . . . [illegible] . . . 11
12 . . . [illegible] . . . 12
13 . . . [illegible] . . . 13
14 . . . [illegible] . . . 14
15 . . . [illegible] . . . 15
16 . . . [illegible] . . . 16
17 . . . [illegible] . . . 17
18 . . . [illegible] . . . 18
19 . . . [illegible] . . . 19
20 . . . [illegible] . . . 20
21 . . . [illegible] . . . 21
22 . . . [illegible] . . . 22
23 . . . [illegible] . . . 23
24 . . . [illegible] . . . 24
25 . . . [illegible] . . . 25
26 . . . [illegible] . . . 26
27 . . . [illegible] . . . 27
28 . . . [illegible] . . . 28
29 . . . [illegible] . . . 29

Uebersetzung.

1. [Diesen Thron stiftete] und errichtete Ela^m 'Amidâ^m von der Familie Ḳ . . . . .
2. König von Ak[sum^m und von Ḥomêr^m und von Raydân^m
3. und von Saba'^m] und von Salḥin^m und von Ṣiyâmo^m [und
4. von Bega^m und von] Kas^m, König der Könige, So[hn
5. des Maḥrem, der nicht be[siegt wird vom Feinde. Als sie sich erhoben hatten, schick[ten sie
6. Gesandte zum Volke der] . . . und der Kas^m, ihnen zu sagen (?) . . . .
7. . . . . . und als sie zu ihnen gekommen waren, bewältigten sie sie und
8. . . . . ihre . . . . für ihre Einflüsterungen . . . . .
9. . und sie ordneten] sie und nachdem sie geordnet und geschickt hatten . . . .
10. . . und sie kamen zu ihnen, und ihr Tribut und . . . . .
11. . . als sie verbar[gen ihre Personen (oder: Kameele) mit sich . . . . .
12. . . . . . . und nachdem sie geordnet und geschickt hatten . . . . .
13. . . . . indem sie zu ihnen kamen geräuschvoll und stumm (?) . . . . .
14. . . . . sie alle und sie ordneten sie und, nachdem [sie geordnet . . . .
15. . . . vertrie[ben sie sie aus ihrem Lande, nachdem sie zu ihnen gekommen waren [vertrieben
16. sie sie aus ihrem Lan]de und aus ihren Aeckern (?) . . . .
17. . . sie . . . . und mit ihnen . . . .
18. . und ihre Jünglinge zu (je) vier . . . .

19. . . . . . und ihre Jü]nglinge in ihre Wohnsitze, nachdem sie zu ihnen gekommen waren .
20. . . . . sie ihren District und ihre Zelte . . . .
21. . . . . und er machte sie voll und kam zu ihnen . . . .
22. . . . . nachdem sie gekommen zu ihren Mannen und ihren Zelten . . . .
23. . . . . . und er bra]chte ihnen bei eine vernichtende (blutige) Niederlage . . . .
24. . . . . und er gab ihnen ihre Geschenke und ihre Anth[eile. . . . .
25. . . . . . . ihre Ka]meele und sie ordneten sie und schickten [sie . . . .
26. . . . . . . ihr Ver]spotten (?) und ihr Schlagen die Feinde. . . . .
27. . . . . und mit ihnen ihr König und ihr. . . . .
28. . . . . und mit ihnen die Thürhüter . . . .
29. . . . . und . . . .

Commentar.

Z. 1 hat vielleicht begonnen: |1ճXH|>ΠhOH ‚diesen Thron errichtete und stellte auf etc.‘ oder ähnlich.

Ο͘Ϡ∞ muss, wenn die Lesung richtig ist, mit sab. Ο͘Ϡ ‚aufstellen, widmen‘ und äth. ሢመ zusammengestellt werden. Auffällig wäre die Schreibung des *j*, welches im Sabäischen nicht geschrieben wird.

ΟΗΟ•|ΟΊҺ ist unzweifelhaft = ኤላ፡ዐሜዳ und mit *Ela-ʿAmidâ*, dem Vater des Ezana, des Gründers der beiden Geez-Inschriften von Aksum, identisch. Die Schreibung der Mimation in beiden Wörtern legt nahe, ΟΊҺ als Substantiv oder, sagen wir es deutlicher, als den Gottesnamen *El* zu erkennen, der im Sabäischen allerdings in der Regel ohne Mimation geschrieben wird, aber auch (Fr. 9 = H 9) ΟΊҺ (mit Mimation) lautet. Beachtenswerth ist die Form ΟΗΟ• für ΟЮΟ•, wo das *d* in geschlossener Silbe aspirirt erscheint. Man vergleiche auf südarabischem Gebiete *Madhig* (مَذْحِج) neben *Madhig* (مَذْحِج). Der Sinn des Namens scheint zu sein ‚El ist eine Stütze‘. Demnach darf man vielleicht, wie Halévy einmal vermuthet hat, auch in den übrigen äthiopischen Eigennamen mit ኤላ፡ den Gott *Il* erkennen.

…ϕH scheint der Beiname des Ela-ʿAmidâ zu sein, ähnlich dem ብእሲ፡ሐላን der Geez-Inschriften.

Z. 2. ΟΧ. Wie die Vergleichung mit der Bilinguis und den Geez-Inschriften zeigt, steht hier ΟΧ für das pronominale H. Es liegt also hier der umgekehrte Versuch vor, den Laut *ḏ* durch Χ auszudrücken, während im späteren Aethiopisch ዘ beide Laute, *z* und *d*, zum Ausdrucke brachte. Ferner ist der enklitische Ansatz des pronominalen *ma* zu beachten, das in allen semitischen Sprachen nach den Präpositionen vorkommt, aber am Relativ oder dem Zeichen des Genitivs (H) sonst nicht nachweisbar ist.

ΟhЮ͘> mit rechtsläufigem Ю, welches für diese Inschrift charakteristisch ist. Es findet sich noch Z. 6, 19, 20, 24, 27 und 28. Nur im Worte ΟΟЮΟЮ (Z. 23) ist nach einem gewissen Stilgefühl das erste *d* rechts- und das zweite linksläufig. Die Schwankungen in der Stellung des *d* in der alten Schrift machten es dem Reformator der äthiopischen Schrift leicht, dem Zeichen eine den Vocalansätzen entsprechende Form zu geben. In der Geez-Inschrift hat das Zeichen folgende Form und Stellung: Ⱶ.

Nach ΟhЮ͘> steht in der Bilinguis ΟΧϠΠΨ∞, hier müsste demnach |ΟΧϠΠΨ|ΟΧ∞| |ΟҺΠΑ|ΟΧ∞ ergänzt werden. Da jedoch so viele Zeichen (20) auf dem engen Raume nicht gestanden haben können und in den Geez-Inschriften ohnehin Ḥabašat fehlt, so muss man annehmen, dass es auch hier vom Schreiber weggelassen worden war.

Z. 3. 0ԿΨ1ᕱ. Für das Կ steht auf dem Steine ein nicht ganz deutliches Zeichen, das etwa wie ⵣ aussieht, welches aber in dieser Schrift ein noch nicht ganz ausgeführtes *n* sein kann. Auch hierin stimmt diese Inschrift mit den Geez-Inschriften überein, wo ወልሐን steht, während die Bilinguis 0Ψ1ᕱ (τοῦ Σιλκῆ), also ohne *n* hat.

Z. 4. Nach der nothwendigen Ergänzung dieser Zeile wurden also die Bega, abweichend vom semitischen Texte der Bilinguis und in Uebereinstimmung mit dem griechischen und dem der Geez-Inschriften, vor den Kasu angeführt. Zu beachten ist auch die abweichende Schreibung des Wortes, welches in der Bilinguis 0ᕱᕱ, in den Geez-Inschriften ከሱ, hier aber 0ⵣᕱ (mit ⵣ) lautet.

0ԿX37Կ|037Կ ‚König der Könige' steht hier für ԿᕱI0|ᕱI0 der Bilinguis und ንጉሠ ፡ ነገሥት der Geez-Inschriften. Die alte Formel, die wohl noch aus sabäischer Zeit herübergenommen worden war, ist durch das volksthümliche *negûsa nagast* ersetzt worden, aber noch mit Spuren der alten Endungen, die wie etwas nicht mehr Lebendiges, sondern von altersher formelhaft Ueberkommenes an unrechter Stelle angehängt werden. Die Mimation in 037Կ im Stat. cons. ist im Sabäischen und Arabischen ganz unerhört. In dem darauffolgenden 0ԿX37Կ stellt das *n* noch unzweifelhaft das alte, demonstrative *ân* dar. Wie wenig es aber verstanden worden ist, zeigt das an das Demonstrativum angefügte Zeichen der Indetermination, das *m*.

Auch das sicher zu ergänzende [Ϧ1]∞ für ԿП der Bilinguis zeigt die Neigung, sich von dem alten, formelhaften Stil zu befreien und volksthümliche Ausdrücke zu gebrauchen.

Z. 5. In dem I0Ϧ∞|0X♀ϦH| ist das auslautende 0 auffallend. Man könnte daher vielleicht an ein Substantiv denken und besser eine Participialform 0Ϧ∞|0X0Ϧ] = ἀναστάντος ergänzen, aber die Formel in der Bilinguis und in den Geez-Inschriften macht diese Vermuthung unwahrscheinlich. Es bleibt daher nur übrig, anzunehmen, dass hier ein enklitischer Ansatz eines *ma* vorliegt, keinesfalls darf jedoch das *m* als Suffix der 3. Pers. Plur. gedeutet werden.

In dem daraunffolgenden 0>81 hat das 1 die Bedeutung ‚von' nach dem Passivum, wie in den Geez-Inschriften ዘኢይትመዋእ ፡ ለጸር, wogegen in der Bilinguis das Verbum in alter Weise direct mit dem Accusativ verbunden wird (0>>8Ϧ = أَسَرُوا).

Z. 5, 6. ‥∞]ԿᐝI0Ϧ3ԿX ist zu übersetzen: ‚nachdem sie sich erhoben, schickten sie'.[1] Möglich ist aber auch, das *m* als enklitischen Ansatz zu betrachten, in welchem Falle das Verb auch auf den König bezogen werden kann: ‚nachdem er sich erhoben hatte, schickte er ...'. Diese Phrase erinnert sehr an die Rüppell'sche Inschrift, II, 11/12: ወተንሢእየ ፡ ወሐዋርያተ ፡ [ፈነ]ውኩ ፡ ኀቤሁ ፡ ያስምዕዎ ፡ ‚und nachdem ich mich erhoben hatte, schickte ich Gesandte zu ihm, die ihm mittheilen sollten ...'. Es kann daher in unserer Inschrift dem Sinne nach ergänzt werden: ‚da schickte [er Gesandte zum Volke der Bega (?) und der] Kasu, welche ihnen melden sollten', wenn in 0Пᕱ das äthiopische ይቤ ፡ + Suffix der 3. Pers. Plur. erkannt werden darf, was mir allerdings sehr gewagt zu sein scheint.

Z. 7. In dieser Zeile kommt zuerst ein Wort vor, das sich siebenmal in dem Inschriftfragment wiederholt und mir die grössten Schwierigkeiten gemacht hat, ich meine das Wort

[1] Die Lesung ΦԿᐝ ist mir jetzt zweifelhaft geworden; das erste Zeichen scheint eher ◊ zu sein.

▯ᐱᐱ⊓. Abgesehen davon, dass eine Wurzel *bṣ̌* im Semitischen nicht nachgewiesen werden kann, ist das Zeichen ᐱ̃, welches nur als eine Differenzirung von ᐱ angesehen und wie im Amharischen etwa *š* gesprochen werden müsste, höchst auffällig. Wir finden in dem Alphabete dieser Inschrift nicht weniger als drei Zeichen für die Laute *s* und *š*, nämlich ᐱ, 3 und X̂ und daneben zwei Zeichen für *z* und *ḏ* (X und H). Zu welchem Zwecke sollte nun ein weiteres Zeichen neu differenzirt werden? Auch die Möglichkeit, dass ⊓ Präposition und ▯ᐱᐱ Nom. loci sei, wurde erwogen, wobei das halb mythische Goldland Σασος des Monumentum Adulitanum vergleichungsweise herangezogen werden könnte. Aber so verlockend das Goldland auch war, das Nom. loci schien sich nicht gut in die verschiedenen Verbindungen einfügen zu wollen. Ich wage daher die Vermuthung auszusprechen, dass *bṣ̌* identisch sei mit der äthiopischen Radix በጸሐ ‚kommen, gelangen' und dass *š* hier eine besonders weiche Aussprache des *ḥ*, wie im deutschen *ich*, *riechen* etc., bezeichnet. Die Wurzel በጸሐ und ihre Bedeutung scheint an allen Stellen zu passen. Als einen Beweis für die Richtigkeit meiner Auffassung sehe ich die Thatsache an, dass diese Radix in ähnlicher Weise sowohl in der Bilinguis als auch in den beiden Geez-Inschriften gebraucht wird. In der Bilinguis, Z. 4, heisst es: |▯Ψ1⊓ᐱ>Ψ|▯▯ΨᐱΠ∞, und nachdem sie zu ihnen gekommen waren, führten sie dieselben fort'; ebenso steht Rüppell, II, 28: ወበጻሕኩ ፡ ካሱ ፡ ‚und ich kam zu den Kasu', ferner II, 37: ወበጽሐ ፡ እስከ ፡ ደወለ ፡ ኖባ ፡ ‚und er kam bis in den District der Nôbâ'.

▯N⊓1∘ ist mit einem verkehrten *n* geschrieben, wie es öfters auch in sabäischen Inschriften (auch nicht bustrophedon geschriebenen) vorkommt. Ueber die Bedeutung und die Form des Wortes ist schwer eine sichere Vermuthung aufzustellen. Man kann arab. هلب ‚dick, hart', aber auch غلب vergleichen.

Z. 8 scheint ▯X̂∞X̂∞1 gleich arabisch لوساوسهم ‚ihren Einflüsterungen' zu sein. Das Aethiopische kennt diese Wurzel nicht. Zur folgenden Phrase sind zu vergleichen:

Z. 9. ...∞ᓴ0∞|▯∘>3X∞

Z. 12 |∞∞ᓴ0∞|▯∘>3X∞

Z. 14 ▯∘>3]X∞|▯∞∘>3∞

Z. 25 |[∞∞]ᓴ0∞|▯▯∞∘>3∞.

Beide Wurzeln sind gut äthiopisch. ፈነወ, II, 1, heisst ‚schicken' und findet sich auch in den Geez-Inschriften. Ebenso ist ሠርዐ ein gutes Geez-Wort und bedeutet ‚ordnen, einrichten, aufstellen'. In unserer Inschrift scheint ∘>3 Intensivform (II, 1) und ∘>3X Infinitiv derselben Form (arab. تشريع) zu sein.

Z. 10 bietet nur das Wort ▯XΨ⊓ᐱ0 zur Besprechung dar. Ich vergleiche dazu äth. ጸብሐት ‚tributum', wobei das conjunctive 0 wie im Arabischen, Sabäischen, Liḥjanischen, Nabatäischen und jetzt auch im Nordsemitischen (Inschriften von Sendschirli) zu beachten ist.

Z. 11 ist vielleicht ▯X⊓[ᐱ∞] zu ergänzen und damit äth. ኀብአ ‚verstecken, verbergen' zu vergleichen. Zu ▯1⊓ᖽ ist entweder arab. إبل, sab. 1⊓ᖽ, ‚Kameele' oder äth. አካል ‚Körper, Person' heranzuziehen. Vgl. auch Z. 25 (Anfang) ▯1⊓[ᖽ]. Das folgende ▯1ᐱ▯ ‚mit ihnen' findet sich auch noch Z. 17, 27 und 28 und wir kennen es bereits aus der Bilinguis.

Z. 12. Vgl. zu Z. 9.

Z. 13. ▯▯Ψ⊓∞|▯3▯Ψ. Die Wurzel 3▯Ψ fehlt im Aethiopischen und wir können zur Erklärung derselben arab. همش vergleichen. Die Bedeutung der Wurzel ist ‚Geräusch, Getöse machen', wozu ▯Ψ⊓ (ብሀመ, بهم) ‚stumm sein, unklar reden' als Gegensatz zu passen scheint. Ob das Schluss-ꝺ in beiden Wörtern Mimation oder Suffix 3. Pers. Plur. ist, lässt sich nicht entscheiden.

Z. 14. Das erste Wort ist 𐩣𐩡𐩫 (mit 𐩫) = كُلّ zu lesen. Die verkehrte Form des 𐩫 findet sich auch Z. 23 in 𐩣𐩻𐩫𐩬𐩣. Zu 𐩣𐩥𐩥𐩻𐩥 vgl. Z. 9.

Z. 15. Das erste Wort ist wahrscheinlich 𐩣𐩢𐩩[𐩪] zu ergänzen. Die Wurzel findet sich sowohl in der Bilingnis als auch in den Geez-Inschriften und bedeutet ‚mit Krieg überziehen'. 𐩣𐩫𐩺𐩫𐩩 ist plene geschrieben (= ሰጸሐሙ).

Z. 16 bietet kein einziges sicheres Wort und mein Ergänzungsversuch ist wohl möglich, aber nicht mehr als dies. Die Zeile kann gelautet haben:

|𐩣𐩡𐩩𐩭𐩣|𐩣𐩢𐩥|𐩣𐩻[𐩱𐩩|𐩣𐩢|𐩣𐩥𐩥𐩪𐩥]

[‚und sie vertrieben sie aus ihrem Lan]de und ihrem 𐩡𐩩𐩭𐩣'.

Z. 17 ist 𐩣𐩸𐩱𐩣𐩢 vielleicht = 𐩣𐩸𐩱𐩣 + 𐩣𐩢, eine passende Etymologie und Bedeutung des auch seiner Lesung nach nicht ganz sicheren Wortes finde ich nicht. Sicher ist das folgende 𐩣𐩡𐩫𐩣𐩥 ‚und mit ihnen'.

Z. 18. Zu 𐩣𐩩𐩩𐩻𐩢 muss wieder arab. شابّ ‚Jüngling' verglichen werden.

Z. 19. Deutlich ist 𐩣𐩻𐩢𐩱𐩣 = äth. ማኅደር, pl. መኃድር ‚habitaculum, domicilium'. Das Verbum ኀደረ findet sich auch Rüppell, I, 11; II, 17. Zu Anfang der Zeile ist möglicherweise auch 𐩣𐩩𐩩[𐩻𐩢] zu ergänzen.

Z. 20. |𐩣𐩺𐩱𐩩𐩥|𐩣𐩣𐩡𐩥𐩭| ‚ihr Gebiet und ihr Landstrich'. 𐩡𐩥𐩭 ist gleich äth. ደወል ‚regio, territorium'. Vgl. Rüppell, II, 37: ወበጽሐ፡እስከ፡ደወለ፡ኖባ፡ ‚und er kam in das Gebiet der Nôba'. Das letzte 𐩣 ist enklitischer Ansatz. Zu 𐩣𐩺𐩱𐩩, welches auch Z. 22 vorkommt, vergleiche ich arab. بَهْو, pl. بُهِيّ ‚Zelt, Lager, weiter Landstrich'.

Z. 21. 𐩢𐩡𐩣𐩢 = አምልአ ‚anfüllen'.

Z. 22. 𐩣𐩸𐩸𐩣 scheint Plur. von ምት ‚Mann' zu sein. Ueber 𐩣𐩺𐩱𐩩 vgl. Z. 20.

Z. 23 zu Anfang ist vielleicht 𐩣𐩡[𐩸𐩤] ‚er tödtete sie' zu lesen. 𐩣𐩻𐩫𐩬𐩣 leite ich von نكت (ألقاه على رأسه) ‚jemand zu Boden werfen, niederstrecken' ab. Das 𐩣 ist hier sicher Zeichen der Mimation. Zu 𐩣𐩣𐩭𐩣𐩭 kann nicht äth. ድምድም ‚coma, capillus' herangezogen werden, was hier keinen Sinn gibt, sondern arab. دمدم ‚zornig anfahren'. Die ganze Phrase heisst demnach: ‚und er brachte ihnen eine vernichtende (blutige?) Niederlage bei'.

Z. 24. 𐩣𐩩𐩱𐩥 ist gleich arab. وَقْبَهُمْ, äth. ወሀቦሙ. Das folgende Wort 𐩣𐩸𐩭𐩡 ist durch die seltsame Form des dritten Zeichens merkwürdig. Es scheint eine Differenzirung des 𐩱 zu sein, es ist aber nicht ausgeschlossen, dass eine Verschreibung vorliegt. Ich nehme vorläufig für dieses Zeichen den Werth *h* an. Das ganze Wort ist gleich äth. ጋዳሙ (rad. ገደየ) ‚donum, munus', arab. جَذْوَى ‚Geschenk'. Besonders instructiv ist Glaser 302, 7/8:

|𐩸𐩺𐩭𐩡𐩥|𐩸𐩩𐩱𐩥𐩣|𐩡𐩱𐩩𐩥|𐩢𐩩𐩫|𐩫𐩡𐩪|𐩻𐩸𐩥|𐩡𐩢𐩩𐩻𐩫|𐩥𐩱𐩡|𐩭𐩡𐩱|𐩸𐩺𐩭𐩡|𐩡𐩱𐩩𐩥
|𐩡𐩢𐩱𐩻𐩭|𐩬𐩩|𐩩𐩻𐩫𐩥𐩪𐩺|𐩩𐩪𐩱|𐩸𐩩𐩪𐩥|𐩸𐩺𐩭𐩡|𐩡𐩱𐩩𐩥|𐩥𐩪𐩫|𐩬𐩩𐩥𐩻|𐩥𐩩𐩱𐩥𐩥|𐩥𐩭𐩡𐩱

‚Wegen der Geschenke, die ihm geschenkt hat Karibaël Watâr, König von Saba', und wegen der Gaben und Geschenke, die ihm schenkte und gab der Stamm Sam'â, und wegen der Geschenke und Entlohnungen, mit denen ihn entlohnt hat Jatakarib, Sohn des Daraḥ'il.'

Wir haben also an dieser Stelle wiederholt die Wurzel ʕ𐩹ꟷ ‚schenken' neben ΠΥ∘ ‚geben', wie in unserer Inschrift. Ueber das letzte Wort der Zeile: ‥◊ΗΠ⊂⊃ wage ich des fragmentarischen Charakters wegen keine Vermuthung.

Z. 25. Zu ΠꟷΠ|Η' vgl. Z. 11 und zur folgenden Phrase Z. 9.

Z. 26. Der Sinn der Zeile ist sehr problematisch. ΠΠ>X ist vielleicht gleich ترامهم ‚ihr Verspotten' (arab. رام, V = تَهَرَّا). Das folgende Π?ΥΠΗ⊂⊃ ‚und ihr Schlagen' stelle ich mit arab. مهر (ضربة شديدا) zusammen und zu ⊂⊃Η∘ bietet sich von selbst arab. قَذَرٌ, äth. ◊ꟷ⊂⊃ ‚Feind' an.

Z. 27 ist Π3ꟷΗ|ΠꟷΗ|Π⊂⊃] ‚und mit ihnen ihr König' deutlich, dagegen Π◊ꟷ?⊂⊃ dunkel. ‚Ihr Jalak' gibt keinen Sinn, und auch als Verb = يليقهم, weiss ich damit nichts anzufangen.

Z. 28. Zu X?ΗΠ>Η ‚Thürhüter' vergleiche ich pers.-arab. دربان. pl. درابين, ein Wort, das schon früh aus dem Persischen ins Arabische herübergenommen worden ist. Dass es auch übers Meer nach Aksum gewandert, ist eine immerhin interessante und beachtenswerthe, aber bei einem solchen, eine Haus- und Hofwürde bezeichnenden Worte keineswegs auffallende Thatsache.

Die Geez-Inschriften von Aksum.

Im Jahre 1830 wurden in den Schutthaufen von Aksum, in der Nähe der grossen Lavatafel mit der berühmten, von Henry Salt entdeckten griechischen Inschrift, drei gleich grosse Kalksteinplatten gefunden, von denen jede 4 Fuss 2 Zoll lang, 1½ Fuss breit und 5 Zoll dick war, und in welche sehr lange, bald mehr, bald weniger gut erhaltene Inschriften in altäthiopischen Lettern eingegraben sind. Die Tafeln wurden im Hause eines Priesters aufbewahrt, wo sie zwar nur wenig geschützt im Hofraume lagen, aber doch wenigstens gegen muthwillige Zerstörung gesichert waren. Dr. Eduard Rüppell copirte dieselben im Jahre 1833 und schickte die Copien nach Europa; aber alle seine Bemühungen, durch die berühmten europäischen Orientalisten (Sylvester de Sacy, J. J. Platt in London und Hoffmann in Jena) oder durch die abessinischen Priester, eine Uebersetzung der Inschriften zu erlangen, blieben erfolglos. Im Jahre 1838 publicirte er in den Abbildungen zu seiner Reise in Abyssinien die Facsimilia der zwei besser erhaltenen Denkmäler. Auf Grund dieser Copien machte Professor E. Roediger seinen gelungenen Entzifferungsversuch,[1] lieferte eine zusammenhängende Uebersetzung der ersten und erklärte eine Reihe von Stellen der zweiten Inschrift. Eine etwas phantastische, aber doch auch manches Richtige enthaltende Uebersetzung der ersten Inschrift wurde inzwischen von einem abessinischen Priester in Cairo angefertigt, und Rüppell veröffentlichte im zweiten Bande seiner Reise in Abyssinien auf S. 280 und 281 die beiden unabhängig von einander entstandenen Uebersetzungen und begleitete dieselben mit verschiedenen Bemerkungen. Einen Fortschritt in der Entzifferung und dem Verständnisse der Inschriften, besonders der schwierigeren zweiten, machte der Artikel A. Dillmann's.[2]

Unter den vielen Reisenden, welche nach Abessinien gekommen waren, hat nur M. Antoine d'Abbadie die Inschriften von Aksum von Neuem copirt, beziehungsweise revidirt. Im Jahre 1838 copirte er sie zum ersten Male, nahm eine zweite Copie im Jahre 1842

[1] In der Allgemeinen Litteratur-Zeitung (Halle 1843, Juni, Nr. 105—107).
[2] In der Zeitschrift der Deutschen Morgenländischen Gesellschaft, Band VII, S. 356 ff. (1853).

und revidirte dieselbe mit Hilfe eines äthiopischen Gelehrten fünf Jahre später. Die Resultate seiner Untersuchungen legte er im Jahre 1878 in einer Mittheilung an die Académie des Inscriptions et Belles Lettres nieder.[1]

Zum Theil dadurch angeregt, nahm A. Dillmann in seiner Arbeit ‚Ueber die Anfänge des Axumitischen Reiches'[2] die Frage wieder auf und behandelte (S. 210—226) die beiden Inschriften und machte dabei eine Reihe glücklicher sprachlicher und sachlicher Bemerkungen. Er richtete auch einen Appell an die europäischen Reisenden, welche nach Abessinien gehen, dass doch endlich einer sich veranlasst finden möge, der Wissenschaft so weit zu Hilfe zu kommen und Abklatsche von diesen wichtigen Documenten zu nehmen und sich auch um andere Inschriften dort zu kümmern.

Bevor ich an die Mittheilung der Texte nach den Abklatschen Bent's schreite, möchte ich noch einige allgemeine Fragen erörtern, welche diese Inschriften betreffen. Zunächst ist die Frage, wer der Stifter dieser beiden Denkmäler war, zu beantworten. Die Antwort ist nicht leicht; denn der Name des Stifters ist theilweise zerstört. Es ist gewiss kein Zufall, dass in beiden Inschriften der wichtigste Name nicht mehr gelesen werden kann. Wie die Könige dafür gesorgt haben, ihren Namen der Nachwelt zu überliefern, so haben ihre Feinde oder die Feinde ihrer Dynastie sich bemüht, die Namen auszulöschen und der Vergessenheit anheimzugeben. Von dem Namen des Gründers der Inschriften enthält die erste noch die zwei Buchstaben ·ዛና *(. za-nâ)* und die zweite nur den letzten Buchstaben ··ና *(. . nâ)*. Der fehlende Buchstabe (denn nur für Einen Buchstaben war Raum vorhanden), von dem der Abklatsch der ersten Inschrift eine Spur zeigt, lässt sich nicht mehr mit Sicherheit ergänzen, und man versuchte, den Namen mit Hilfe der äthiopischen Königslisten wiederherzustellen. Die Worte, welche auf den halb zerstörten Namen des Königs folgen, lauten: ‚Sohn des Ela-ʿAmîdâ Be'esja-Ḫalen'. Da nun die äthiopischen Königslisten der dritten Periode B unter Nr. 5 einen ኤላአሜዳ und unter Nr. 6 dessen Sohn ታዜና anführen, so hat Dillmann in den beiden Geez-Inschriften den Namen des Königs zu ታዜና ergänzt.

Dagegen hat Ed. Glaser diese Ergänzung bestritten und zuerst Αειζανας der Salt'schen Inschrift zum Verfasser der Geez-Inschriften zu machen gesucht, und als Dillmann mit guten Gründen diese Hypothese zurückgewiesen hat, sich für Σαζανας, den Bruder des vorigen erklärt. Beide, Aeizanas und Sazanas, müssen nach Glaser's Annahme Söhne des Ela-ʿAmîdâ sein. Nachdem ich jedoch aus sprach- und schriftgeschichtlichen Gründen zu dem zwingenden Schlusse gelangt bin, dass die Bilinguis (gestiftet von Αειζανας) älter ist als die Inschrift des Ela-ʿAmîdâ, so ist die Glaser'sche Hypothese, dass Ela-ʿAmîdâ der Vater und Vorgänger des Aeizanas sei, abgesehen von den Gründen, welche Dillmann dagegen vorbrachte, von selbst gerichtet. Auch aus rein epigraphischen Ursachen muss man die an sich haltlose Hypothese ablehnen. Von dem Namen des Königs fehlt in der ersten Inschrift, wie man sich aus einer genauen Prüfung des Abklatsches überzeugen kann, nur Ein Buchstabe, die Ergänzung [ሠዐ]ዛና, (Sazanas) ist also ebenso unmöglich wie [ዐይ]ዛና, die Schreibung [ኢ]ዛና aber ist durch die vorhandene Spur ausgeschlossen.

Was jedoch die Ergänzung ታዜና betrifft, so stimme ich Glaser bei, dass sie nicht aufrecht erhalten werden kann, und hierin liegt das einzige Verdienst der so ganz unfruchtbaren

[1] Comptes Rendus, 4e série, tome V, p. 14—80 und 186—201.

[2] Aus den Abhandlungen der königlichen Akademie der Wissenschaften zu Berlin, 1878.

‚Bemerkungen zur alten Geographie und Geschichte Abessyniens', welche nahezu 100 Seiten umfassen. Glaser hat nämlich zuerst die von Prideaux im Numismatic Chronicle 1884 publicirte äthiopische Münze richtig gedeutet. Auf dem Avers steht die Legende HZANA und auf dem Revers liest Glaser BICI AΛHN AΞWMITWN = ብሰየ፡ሐለን. Dass HZANA BICI AΛHN mit dem Gründer unserer Inschrift identisch ist, scheint mir ziemlich sicher zu sein. Durch die Legende HZANA sind aber die Brüder AEIZANAC und ΣAIZANAC eo ipso ausgeschlossen. Gegen die Ergänzung ቃዜና scheint mir auch der Umstand zu sprechen, dass der Abklatsch ein deutliches ዘ (nicht ዜ) zeigt, und auch Rüppell und d'Abbadie, welche beide vom Stein copirt haben, schreiben ዘ: die Lesung ዜ ist also zu verwerfen. Auch die Spur des ersten Zeichens auf dem Abklatsch der ersten Inschrift begünstigt die Lesung ቃ nicht sonderlich, zeigt vielmehr, wie ich glaube, den unteren Theil eines እ, so dass der Name ursprünglich እዘና gelautet haben kann, was so ziemlich dem griechischen HZANA entsprechen würde.[1]

Ueber die chronologische Reihenfolge der Denkmäler von Aksum kann nicht gezweifelt werden. In dem Commentar zu den einzelnen Inschriften, wie insbesondere in dem Abschnitt über ‚Schrift und Sprache', ist der Beweis gegeben, dass die Bilinguis die älteste, die Inschrift des Ela-'Amîdâ jünger als die Bilinguis und älter als die beiden Geez-Inschriften ist. Da nun die Bilinguis der Zeit nach durch den bekannten Brief des Constantius bestimmt und etwa 350 n. Chr. angesetzt worden ist, so müssen die Inschrift des Ela-'Amîdâ, sowie die von dessen Sohn [E]zanâ herrührenden Geez-Denkmäler nach dieser Zeit fallen. Zwischen der Bilinguis und der Ela-'Amîdâ-Inschrift muss jedenfalls eine geraume Zeit verflossen sein, denn alle Archaismen, welche die Bilinguis aufweist, sind in der 29zeiligen Inschrift verschwunden. Dadurch, dass uns von Vater und Sohn Inschriften erhalten sind, von denen die erste noch in der alten sabäischen Schrift linksläufig abgefasst ist, während die letztere in dem neuen äthiopischen Alphabete rechtsläufig und mit Vocalen geschrieben ist, sind wir zu schliessen berechtigt, dass die Reform der Schrift und Sprache, welche in den Geez-Inschriften bereits durchgeführt erscheint, entweder in den letzten Lebensjahren des Ela-'Amîdâ oder unter der Regierung seines Sohnes Ezanâ stattgefunden hat.

Man hat geglaubt, in der zweiten Inschrift Spuren des Monotheismus und des Christenthums zu erkennen und hat angenommen, dass die beiden Geez-Denkmäler von demselben König herrühren, nur dass er die erste noch als Heide und die zweite nach seiner Bekehrung zum Christenthume gesetzt hat.[2] Dieser Annahme widerspricht die Inschrift nach meinen jetzigen Lesungen vollkommen. Der König nennt sich, wenn meine Ergänzung Z. 5/6 richtig ist, ‚Sohn des Maḥrem (Ares)', wie in der ersten Inschrift. Freilich könnte dies bei der zweifelhaften Lesung nicht ausschlaggebend sein, aber die drei Gottheiten, in deren Schutz das erste Denkmal gestellt worden ist: Astar, Barrâṣ und Medr, erscheinen auch auf der zweiten Inschrift, und zwar Barrâṣ und Medr genau in derselben Form wie auf der ersten Inschrift, nur für ዐስተር steht in der zweiten እግዚአ፡ሰማይ (Herr des Himmels). Die Götter zeigen, wie die ganze Cultur der Aksumiten, sabäischen und griechischen Einfluss, und der König, der diese verehrte, kann noch nicht Christ geworden sein. Da nun, nach dem Zeugnisse Cosmas', zu Anfang des 6. Jahrhunderts ‚Axum und die ganze Umgebung' christlich war und die abessinisch-himyarischen Kriege deutlich beweisen, dass Aksum

---

[1] Zum Wechsel von ê und η vgl. ḥalên und ḥalên neben griech. AΛHN.

[2] Dillmann, Ueber die Anfänge des axumitischen Reiches, S. 219.

eine Schutzmacht des Christenthums in diesen Ländern geworden war, so können die Geez-Inschriften, die von einem heidnischen König herrühren, kaum später als in die zweite Hälfte des 5. Jahrhunderts hinuntergeschoben werden.

Ich bin sogar geneigt anzunehmen, dass diese Inschriften in eine frühere Zeit zu setzen sind. Es scheint mir nämlich, dass die Umwandlung der Schrift und Sprache, wie sie in den Geez-Inschriften vorliegen, unter dem Einflusse der christlichen Missionäre stattgefunden hat. Die neun Heiligen oder die Gründer der Mönchsorden in Abessinien haben gewiss dazu beigetragen, die Schrift und die Sprache umzugestalten, weil sie ihre neue Lehre dem Verständnisse des Volkes nahebringen mussten. Die Annahme, dass die Reform der Schrift unter Ela-'Amidâ oder seinem Sohne Ezanâ vor sich gegangen ist, stimmt mit der historischen Angabe überein, dass die neun Heiligen im fünften Jahre der Regierung des Ela-'Amidâ aus dem römischen Reiche und Aegypten nach Abessinien gekommen sind. Ist auch die Relation richtig, dass die neun Heiligen in Aegypten von Pachomios († 349) das Mönchskleid erhalten, dann noch unter seinen Nachfolgern einige Zeit in Aegypten gelebt haben und später nach Abessinien gekommen seien, so darf man die Einwanderung und den Regierungsantritt Ela-'Amidâ's höchstens 20 bis 30 Jahre später (also etwa 380) ansetzen. Nehmen wir auch an, dass Ela-'Amidâ eine sehr lange Regierungsdauer hatte, so dürften die Geez-Inschriften immerhin noch in die erste Hälfte des 5. Jahrhunderts fallen, in die Zeit, da die Missionäre ihre Thätigkeit bereits begonnen und durch Einführung der neuen Schrift sich die Wege zum Verständniss der neuen Botschaft geebnet hatten.

Dass in der Schrift, die erfunden worden zu sein scheint, das Evangelium zu verbreiten und die heiligen Legenden aufzubewahren, uns die letzten Denkmäler aus heidnischer Zeit erhalten sind, ist eine sehr merkwürdige Thatsache, an der aber nicht gerüttelt werden kann; denn der Urheber der Inschriften, der König Ezanâ, erscheint auf beiden Denkmälern noch als Heide, und dieselben griechischen und sabäischen Götter werden auf beiden erwähnt.

Es bleibt nur noch übrig, die historische und geographische Bedeutung der beiden Inschriften in's Auge zu fassen. In der ersten, kleineren wird ein Feldzug gegen einen Reichsfeind oder Rebellen Namens Adan geschildert, der Kaufleute aus Aksum ([illegible]) belästigt und getödtet hatte (Z. 6—8). Gegen diesen Rebellen wurden von Meḳadâ aus verschiedene Truppengattungen ausgeschickt, der König selbst folgte ihnen ins Lager bei 'Âla (Z. 9—12). Der Feind wurde besiegt, vier Stämme (?), Sa'nê, Ṣawantô, Gêma und Zaḥtân, wurden geschlagen, und Alita und seine zwei Söhne gefangen genommen (Z. 13—17). Getödtet wurden ferner von den Leuten des Adan Männer 503, Weiber 202, Summe 705. Gefangen wurden Männer 40, Weiber und Kinder 165, zusammen 205. Beute an Rindern betrug 31.000, an Kleinvieh circa 80.000 (Z. 18—22). Nach glücklicher Rückkehr wird der Thron auf dem Felde von Aksum in den Schutz von 'Astar, Barrâs und Medr gestellt und dem Gotte Maḥrem Opfer dargebracht (Z. 23—30). Zu beachten ist, dass so wie der Name des Königs, des Stifters der Inschrift, auch der Name seines Gegners, an allen drei Stellen, wo er vorkommt, zerstört ist, und nur durch Combination aller Fragmente des Namens konnte derselbe mit leidlicher Sicherheit hergestellt werden. Was den Kriegsschauplatz betrifft, so ist der einzige Anhaltspunkt für die Bestimmung desselben der Ort Meḳada, welcher in der Provinz Adiabo liegt, weshalb d'Abbadie, wie ich glaube, mit Recht den Kriegsschauplatz dieser Inschrift dorthin verlegt hat. Vielleicht gelingt es jetzt, auch die Ortschaft 'Alâ zu finden und so die Vermuthung d'Abbadie's zu bestätigen. Wenn aber d'Abbadie ohne Weiteres infolge dieses Meḳada auch den Kriegsschauplatz der zweiten Inschrift nach Adiabo verlegen will, so kann ich ihm nicht zustimmen, schliesse mich vielmehr hierin der Auffassung Dillmann's an.

Der Inhalt der grösseren Inschrift ist kurz folgender: Die Nôba überschritten den Takazefluss und übten Plünderungen auf abessinischem Gebiete. Als die Botschaft an den nubischen Führer (dessen Name Anfang Z. 11 gestanden, aber ausgelöscht zu sein scheint) ohne Erfolg blieb, zog der König gegen sie zu Felde und schlug sie bei Kamalkê jenseits des Takazeflusses. Nach einer Verfolgung von 23 Tagen drängte der König den Feind gegen den Sêdafluss, wo viele umkamen (Z. 21). Der König gelangte dann zu den Kasu und schlug sie am Zusammenflusse des Sêda und Takaze (Z. 29). Von da aus schickte er Truppen den Sêda aufwärts, welche viele Städte verwüsteten, darunter Alva und Darô (Z. 32), andere Truppen zogen den Sêda abwärts und zerstörten Nôba-Städte, darunter Negûsi, und Städte der Kasu und Nôba, darunter Naẓâtô und gelangten in das Gebiet der rothen Nôba (Z. 37). Am Zusammenflusse des Sêda und Takaze gegenüber der Stadt aus Mauerwerk ... auf einer (Fluss-Halb)insel stellte der König einen Thron als Hoheitszeichen auf (Z. 40). Zum Schlusse werden die Getödteten und die Gefangenen aufgezählt (im Ganzen 1487) und der Thron im Sada bei Aksum in den Schutz der Götter (Barrâs, Medr und Egzi'a Samây) gestellt.

D'Abbadie verlegt, wie schon erwähnt, auch den Kriegsschauplatz dieser Inschrift in die Provinz Adiabô. Die beiden Flüsse sucht und findet er in dieser Provinz und sagt darüber: ,Un lettré de 'Adowa nous dit qu'ayant accompagné des chasseurs d'éléphants dans 'Ad Yabo, il avait atteint une rivière Sida qui en forme la limite du côté du nord, que cette rivière se joint au Takaze et que sur ses rives, complétement inhabitées aujourd'hui, il avait vu les ruines d'une construction faite en pierres et chaux' (a. a. O., p. 197).

Abgesehen davon, dass man auf dieses ,on dit' wenig zu geben hat, passt die 23tägige Verfolgung bis zum Zusammenfluss des Sêda und Takaze doch nicht zu Adiabo und dem Setit-Fluss, vielmehr hat Dillmann (S. 225) Recht, den Kriegsschauplatz weit nach Norden beim heutigen Damer zu verlegen, wo der untere Takaze (Atbara) mit dem blauen Nil (Sêda) zusammenfliesst. Damit stimmt überein, dass auf dem Verheerungszuge den Sêda aufwärts die Stadt Alva und Daro zerstört wurden. In ersterem erkennt Dillmann den Namen des mittelalterlichen monophysitischen Reiches Aloa mit der Hauptstadt Saba, aber hier noch als Stadtname. Mit Daro vergleicht er sehr glücklich Δαρων des Ptolemäus 4. 7, 21: Μερόη, Σακόλχη, Ἔσηρ, Δαρὼν ἢ Δώρων κώμη. εἶτα ἡ συναφὴ τοῦ Νείλου ποταμοῦ καὶ τοῦ Ἀσταπόδος ποταμοῦ und Diaron bei Plinius VI, 191.

Bent III. (Rüppell I auf Tafel II.)

Text.

• ዘ ና | ወልደ | እለ | ዐሚዳ | ብእሰየ |
[ሐ]ሌን | ንጉሠ | አክሱም | ወዘ | ሕሜር |
[ወ]ዘ | ረይዳን | ወዘ | ሰበአ | ወ ዘ | ሰ ል
ሔን | ወዘ | ጽያሞ | ወዘ | ብጋ | ወ ዘ | ካሱ |
[ወ]ልደ | መሕርም | ዘ ኢ ይ ት መ ወ እ | ለ

6 .[ወ]ር | ወብኡ | ጸርኢ | መንግሥቶሙ | አ 6
7 [ዳ]ን | ሶቤ | ገፍዐን | ወቀተል | ነጋ ዲ 7
8 [ን]| ወእምዝ|ወ በአናሁ | ወእምቀዳ | 8
9 ፈነውነ | ሰራዊተ|ሰርዌ |መሐዛ | ወ 9
10 ሰርዌ | ደከን | ወሰርዌ | ሐራ | ወለሊ 10
11 ነ | ተለውነ | ወኀደርነ | ምገበአ | መ 11
12 ራድ | ዓላየ | ወአውፈርነ | ሰራዊ ተ 12
13 ነ | ወቀተልዎ | ወጼወውዎ | ወ መሀረ 13
14 ክዎ | ወቀተልነ | ሰዐኔ | ወጸወንቶ | 14
15 ወጌግ | ወዘሕተነ | አርበዐቱ | አን 15
16 ጋደ | ወአኀዝነ | አሊተየ | ምስለ | ክ 16
17 ልኤ | ደቂ | ወከነ | ቅትለ | ዕድ | ዘ[አደ] 17
18 ን | ፭፻፫ | ወአንስት | ፬፻፬ | ወከነ | ፯፻፭ | 18
19 ጌ ወ | ዕድ | ወአንስት | . . . | ገዐዝ | ዕ 19
20 ድ | ፵ | ወአንስት | ወደቂቅ | ፻፳፭ | ወ 20
21 ከነ | ፬፻፭ | ምህርካ | ለሀም | ፫፻፲፻፬፻ 21
22 ፵፯ | አንስሳ | ዐውደ | ፳፻፳ . . | ወተ 22
23 ሙይጠ | ደኀነ | ምስለ | አሕዛበ | [አ]ደ[ን] 23
24 ወተከለ | መንበረ | በዝየ | በሠደ | ወ 24
25 አመሐፀንዎ | ለዐስተር | ወለበራ 25
26 ድ | ወለምድር | ወአመቦ | ዘነሠቶ | ወ 26
27 ነቀሎ | ውእቱ | ወብሔሩ | ወዘመዱ | ለ 27
28 ይትነቀል | ወይትነሠት | እብሔሩ | 28
29 ለይሡአ | ወ . . . . ቴተ | ለመሕ 29
30 ርም | ዘወለደኒ | . . . ም . | ለሀም | ፪ | 30

Uebersetzung.

1. [ʿE]zanâ, Sohn des Ela-Âmidâ, vom Stamme
2. Ḥalén, König von Aksum und von Ḥĕmêr
3. und von Raydân und von Saba' und von Sal-
4. ḥên und von Tsiâmô und von Begâ und von Kas,
5. Sohn des Maḥrem, der nicht besiegt wird vom
6. Feinde. Sie zogen aus gegen den Verheerer ihres Reiches A-
7. dan, da Vergewaltigung und Mord an [unseren] Handelsleuten [stattfand].
8. Hierauf zogen wir gegen ihn zu Felde und von Meḳadâ aus
9. schickten wir die Truppen: die Truppe Maḥaza und
10. die Truppe Dakan und die Truppe Ḥarâ und wir
11. selbst folgten nach und lagerten uns im Sammelplatz des Kriegs-
12. heeres, in ʿÂlâ, und wir schickten aus unsere Scharen

13. und sie mordeten ihn und machten Gefangene und Beu-
14. te. Und wir metzelten nieder Sa'nê und Tsawantô
15. und Gêmâ und Zaḥtan, vier Völker-
16. schaften und wir nahmen gefangen Alita mit seinen bei-
17. den Söhnen. Und es war [die Zahl der] ermordeten Männer des A[da-
18. n] 503 und der Weiber 202, zusammen 705.
19. Gefangene Männer und Weiber . . . vom Tross und zwar Män-
20. ner 40 und Weiber und Kinder 165. Sum-
21. ma 205. Beute an Rindern 31.900 und
22. 47, an Kleinvieh circa 80.000. Und er kehr-
23. te zurück wohlbehalten mit den Leuten des [A]da[n]
24. und errichtete einen Thron hier in Sadâ und
25. übergab ihn in den Schutz dem Astar und dem Barrâ-
26. ts und der Medr. Und wenn ihn Jemand zerstört und
27. ausreisst, so soll er und sein Land und sein Geschlecht aus-
28. gerissen und zerstört werden aus seinem Lande heraus.
29. Er möge opfern und . . . . . . dem Maḥ-
30. rem, der mich gezeugt hat . . . . Stiere 100.

Commentar.

Z. 1. [እ]ዛና. Deutlich sind auf dem Abklatsche die zwei letzten Buchstaben zu lesen ዛና. Die Entfernung zwischen ዛ und ና ist etwas grösser als gewöhnlich und würde sich sehr wohl erklären, wenn man ዜ lesen könnte, aber die Spuren des Zeichens auf dem Abklatsche zeigen ein deutliches ዛ. Vom ersten Zeichen sind die Spuren sehr undeutlich, ich glaube aber noch den unteren Theil des እ zu erkennen. Die Ergänzung ታዜና (Dillmann) oder ለዜና (d'Abbadie) ist demnach ausgeschlossen. Dagegen spricht sehr für die Lesung እዛና die von Prideaux veröffentlichte Münze, welche auf dem Avers die Legende HZANA und dem Revers (nach der richtigen Entzifferung Glaser's) BICI AΛHN AΞΩMITΩN trägt.

Das zweite Wort lautet ወልደ, nicht ውሉደ (d'Abbadie).

ኤላ፡ ዐሜዳ (nicht ዐሜደ d'Abbadie). Die Identität dieses Namens mit sab. 𐩲𐩣𐩺𐩵𐩲, welche Prätorius vermuthet hat, wurde mit Recht von Dillmann abgelehnt. Die Deutung des Namens ist oben Bent II, 1 zu 𐩲𐩣𐩵𐩲|𐩨𐩢𐩧 versucht worden.

ብእሲ፡ ሐሌን ‚Mann von Ḥalên' ist, wie bereits Dillmann gegen d'Abbadie betont hat, eine Art Nisbe, worin die Stammesangehörigkeit des Königs angegeben wird.[1] Auf die Analogie der Namen ብእሲ፡ ብዜን. ብእሲ፡ ሠርቀ, ብእሲ፡ ጸጋዊ in den Königslisten und BICI ΔIMHΛH AΞΩMITΩN auf dem Revers der Ἀφιλας-Goldmünzen ist bereits von Dillmann hingewiesen worden. Jetzt tritt die Legende der Münze Prideaux' dazu, die von dem Stifter unserer Inschrift herzurühren scheint.

Z. 2. ሐሌን (dafür hat Rüppell II, 1 ሐሌን), griech. AΛHN. Die Zusammenstellung mit Ἕλλην, woran Dillmann und Halévy gedacht haben, muss daher definitiv aufgegeben werden. Das ሐ von ሐሌን ist jetzt zerstört, aber sowohl Rüppell als auch d'Abbadie im Jahre 1838 haben es noch gesehen.

ንጉሠ steht auf dem Abklatsche, nicht ናጉሠ, was d'Abbadie für eine archaistische Form erklärt.

ሕሜር. So glaube ich hier und Rüppel II, 1 zu erkennen (nicht ሐሜር). Die Form *Ḥemêr*, welche auf die Grundform *Ḥômêr* zurückgeht, entspricht genau dem griech. Ὁμηριτῶν.

[1] Vgl. auch Glaser, Skizze II, S. 587.

Z. 3. D'Abbadie lässt den Trennungsstrich vor ረይዳን weg, er steht aber da, ebenso ist noch ዘ zu erkennen, welches d'Abbadie nicht mehr gesehen hat. Das Wort ሰበእ ist mit በ (nicht mit ቦ d'Abbadie) geschrieben. Nach ሰለ ist auf dem Rüppell'schen Facsimile noch die Spur eines እ angedeutet; es ist aber, wie schon d'Abbadie bemerkt, kein Raum für ein Zeichen vorhanden.

Z. 4. Das letzte Wort lautet ኩሰ (nicht ከሰ d'Abbadie).

Z. 5. መሕርም steht deutlich auf dem Abklatsche (nicht መሐረም d'Abbadie). Das folgende Wort lautet deutlich ዘኢይትመወእ auf dem Abklatsch und ebenso bei Rüppell (nicht ዘኢይትመቀእ d'Abbadie).

Z. 6. Das በ in ዘበኦ hat die gewöhnliche Form (nicht ፀ d'Abbadie). Das folgende Wort kann ጸርእ, aber auch ጸሬእ (d'Abbadie) gelesen werden und bedeutet ‚Zerstörer, Verheerer' (d'Abbadie: ‚l'ennemi'). Es ist von der Wurzel ጸረእ abzuleiten, welche im Aethiopischen sonst zwar nicht vorkommt, in Rüppell II, 9. 30. 35 aber in einem Zusammenhang sich findet, in welchem das Wort nur ‚zerstören, verheeren' bedeuten kann. Für das ገ von መንግሥቶሙ hat das Facsimile bei Rüppell ጉ, das Häkchen rechts ist aber nur eine leichte Beschädigung des Steines, welche auf dem Abklatsch noch sichtbar ist.

Z. 6/7. አ[ደ]ን. Für dieses Wort steht auf dem Facsimile von Rüppell አ[ፍላሰ]ን. Der Zusatz der eingeklammerten Buchstaben rührt aber nicht von Rüppell, sondern von dem abessinischen Priester her. Man hat hierin die Falaša zu erkennen und Spuren des jüdischen Einflusses in Abessinien zu finden gesucht. Mit Recht hat d'Abbadie die Lesung und Deutung abgelehnt und hierin einen Eigennamen erkannt. Es ist aber nicht wie Dillmann meint, der Adan appositionell zum vorangehenden መንግሥቶሙ fasste, der Name eines Volkes oder Reiches, sondern ein Personennamen und zwar der Name des Gegners des Königs von Aksum und Apposition zu ጸርእ. Der Name wiederholt sich dreimal in der Inschrift, hier, Z. 17 und Z. 23. Er ist an allen drei Stellen gewiss in böswilliger Absicht zerstört. Aus der Combination der angeführten Stellen lässt sich jedoch noch der Name Adan herauslesen. Zu beachten ist noch, dass am Anfang der Z. 7, wie schon d'Abbadie bemerkt hat, nur ein Buchstabe ausgefallen sein kann, dass also für die Buchstaben ፍላሰ der Raum fehlt.

Z. 7 übersetzt d'Abbadie ganz richtig: ‚lors de ses violences et tueries à l'égard des voyageurs' und weist mit Recht auf die ungewöhnliche Construction hin, weil man eine Stat. const. Verbindung ቀትለ erwarten müsste. Die Infinitive ኀሠሠን und ቀትለ regieren also den Accusativ. Wenn aber d'Abbadie am Ende von Z. 7 noch ያ ergänzen möchte, so muss dagegen bemerkt werden, dass am Ende der Zeile kein Raum mehr für ein Zeichen vorhanden und am Anfange der folgenden nur ein Zeichen fehlen kann. Wir müssen also ነጋዲ[ን] und nicht ነጋዲ[ያን] lesen.

Z. 8. ዘበእነሁ mit በ ist nach Abklatsch und Rüppell zu lesen (nicht mit ቦ, d'Abbadie). Dagegen kann das letzte Wort nur mit d'Abbadie ወእምቀዳ (oder ደ) gelesen und ‚und aus Meḳada' übersetzt werden. Meḳada ist ein grosses Dorf in der Provinz Adiabo. Die Conjectur Dillmann's እምቅድመ ‚zuvor, voraus' ist mit dem Abklatsche nicht in Einklang zu bringen, auch ist am Ende der Zeile für ein መ kein Raum mehr vorhanden.

Z. 9. Die verschiedenen Truppengattungen, von denen hier und in der zweiten grösseren Inschrift die Rede ist, sind: ሰርዌ፡መሐዘ, ሰርዌ፡ደከን,[1] ሰርዌ፡ሐራ, ሰርዌ፡ሐለን und ሰርዌ፡ሰበራት.

[1] D'Abbadie zieht ዳከን der Lesart ደከን vor.

Dillmann hat versucht die Benennungen der Truppen als Appellativa zu deuten und so liest er መሐዛ und übersetzt ‚Truppe der jungen Mannschaft', ሐራ ‚Truppe der Freien oder Edlen' und ዳከን ‚Truppe der Elephanten'. ሐለን ist er geneigt als ‚Truppe der Hellenen' zu fassen, nur bei ሰበራት (dessen Lesung ihm unsicher war) enthält er sich jeder Vermuthung. Man könnte es ‚die Truppe der Ausmusterung'[1] übersetzen. Gegen diese Auffassung spricht jedoch der Titel des Königs ብእሴ፡ሐለን, wo gewiss nicht an Hellenen zu denken ist und nur ein Volksstamm gemeint sein kann. Die Möglichkeit, dass die Truppen nach Landschaften und Volksstämmen benannt sind, wofür sich auch Glaser (Skizze II, 557) ausspricht, ist also nicht ausgeschlossen.

Z. 10. Die glückliche Lesung ወለሊን für ወለዶን der Rüppell'schen Copie, die wir d'Abbadie verdanken, wird vom Abklatsche bestätigt.

Z. 11/12. ሙራደ፡ዓላየ steht deutlich auf dem Abklatsche. Die Lesung ሙራደ፡ዑላየ d'Abbadie's und die Uebersetzung ‚et nous avons passé la nuit au refuge de la descente de 'Ulala' sind unzulässig.

Z. 14. ሰዐኒ haben der Abklatsch und Rüppell (nicht ሳዐኒ d'Abbadie). Für ቀ in ደመንቀ haben Rüppell und d'Abbadie ተ.

Z. 15. Für ጊሞ haben Rüppell und d'Abbadie ጊመ und für ወዘሕተነ liest d'Abbadie ወዘሕተን. እንጋደ übersetzten Roediger und Dillmann ‚Stämme', d'Abbadie ‚chefs d'élite'.

Z. 16. Für አሊተየ hat d'Abbadie አሊቶት.

Z. 17. Für ቀቲለ hat d'Abbadie ቀተለ. Am Ende der Zeile ist nach d'Abbadie Raum für drei Zeichen, Rüppell hat ብዝየ, auf dem Abklatsche ist ein grösseres Dreieck sichtbar, das seiner Grösse nach kein ዐ sein kann. Es ist vielmehr mit Absicht eingegraben, um den Namen zu zerstören. Nach meiner Schätzung könnten die zwei Buchstaben አደ vollkommen den Raum ausfüllen.

Z. 18 Ende liest d'Abbadie ፪፻፭ 205, was keinen Sinn gibt. Es ist die Summe von 503 + 202 = 705.

Z. 19. Dillmann liest አለ፡ገዐዘ und übersetzt ‚vom Trosse'; ich wage keine Vermuthung, bemerke aber, dass der Abklatsch die Lesung አለ nicht sonderlich zu begünstigen scheint.

Z. 20. Für ፯፻፭ hat d'Abbadie ፯፴፭, aber auf dem Abklatsche erkenne ich ፻ und die Zahl passt zur Summe, während die von d'Abbadie ein Plus von 30 ergibt.

Z. 21 Ende hat d'Abbadie ፫፼፱፻, was er fälschlich durch 30.900 wiedergibt.

Z. 22 liest d'Abbadie ዐውደ ‚circuitus, area' und übersetzt ‚bêtes d'aire', während ich ዐውዶ ‚circa' lese. Die Zahl des Kleinviehes muss bei Weitem die der Rinder überragen. Ich vermuthe daher ፰፼፳ .. = 80.000 + 20.

Z. 23. ደኅን (nicht ቆኅን) hat schon Dillmann für ዲኅን Rüppell's und d'Abbadie's vermuthet, was vom Abklatsche bestätigt wird. Auch d'Abbadie hat einmal auf dem Steine ደኅን gelesen, aber dann die Lesung verworfen.

Z. 24. Für ሰሜደ hat d'Abbadie ሰሜዶ; vgl. Rüppell, II, 44. ሜደ (hebr. מדבר?) scheint das weite ‚Feld' bei Aksum zu bezeichnen, wo die Denkmäler und Weihgeschenke an den Gott Ares aufgestellt zu werden pflegten, also eine Art Marsfeld.

Z. 25. Für እመሕዘንየ liest d'Abbadie ደግሕዘንየ. Die glückliche Lesung ለዐስተር, welche wir d'Abbadie verdanken und die von Dillmann bestritten worden ist, wird vom Abklatsche bestätigt. Wir haben also wirklich die genaue Wiedergabe des sabäischen)X8∘ in äthiopi-

[1] Zu vergleichen wäre dann arab. مَيَّز ‚messen, mustern'.

scher Schrift, wo bekanntlich für 𐩸 immer ሰ eintritt. Was Dillmann am meisten gegen die Lesung eingenommen hat, ist der Umstand, dass er es für unwahrscheinlich hielt, dass Astar bei den Sabäern ein Gott und nicht eine Göttin war. In der That ist aber *Athtar* eine männliche Gottheit. Die Lesung መስተሬ, d. h. المشترى Jupiter ist also gewiss abzulehnen.

Z. 25/6 lese ich ወለበሬጽ፡ወለምድር, während d'Abbadie ወለብሔር፡ወለምድር zu erkennen glaubte. Dillmann liest im Anschlusse an Rüppell ወለሰተሬ፡ገሙለ፡ምድር. Meine Lesung wird aber von II, 47 und 49 bestätigt, wo ebenfalls በሬጽ und ምድር vorkommen. Die Gottheit *Barrâs* kommt sonst nicht vor, scheint aber eine Donnergottheit zu sein; denn በረጸ (برص) hat die Bedeutung ,micare'.

Bent IV (Rüppell II auf Tafel III).

Text.

2 ..ና|ወልደ|አለ|ዐሚዳ|ብእሴ|ሐልን|ንጉሠ|አክሱም|ወዘ|ሐሜ 2
3 ር||ወዘ|ረይዳን|ወዘ|ሰበእ|ወዘ|ሰልሔን|ወዘ|ጽያም|ወዘ|ብጋ|ወ 3
4 ዘ||ከሱ|ንጉሠ|ነገሥት|ወልደ|አለ|ዐሜዳ|ዘ[ኢ]ይትመዋእ|ለፀር| 4
5 ፀ[ብእ|በኀይ]ለ|እግዚእ|ሰማይ|ዘወሀበኒ|መንግሥት|ዘእሐዘብ|..ወልደ| 5
6 መሕር]ም|ዘኢይትመዋ|ለፀር|ቅድመየ|ኢይቀም|ፀር|ወ...... 6
7 ..ተለ|ፀር|በኀይለ|እግዚአብሔ[ር]|ፀበእኩ|ኖባ|ሰቤ|ገፍዐን 7
8 [|አ]|ሕዛበ|ኖባ|ጸቤ|ተመክሐ|ወኢይ[ዐድው]|እምተከዚ|ያ..... 8
9 .|ኖባ|ሰበ|ገፍዐ|አሕዛበ|መንጉ[ሥ]|ወደሰ|ወከረየ|ወጸረ[ነ] 9
10 |በአፍጻሕ|ፀብእ|ወእግሰነ|ከዕበ|ወሥልሰ|ለመ..... 10
11 .ከፊሙ|ይቀትል|እግዋፊሁ|ወተንሲአኒ|ወሐዋርያተ|[ፈነ] 11
12 ሙኩ|ሎቱ|ይስምዕዎ|ሄደሙ|ወበርቢሮሙ|ንዋዮሙ|ወዐጊቶሙ| 12
13 ወደም]ዎሙ|ሰቤ|ለኢከየኒ|ኢሰምዐኒ|ወአፀየ|ጎዲገ|ወተመ[ይጦ 13
14 ወተኀልፎ|እምዝ|ፀበእክዎሙ|ወተንሠ[እ]ኩ|በኀይለ|እግዚአ 14
15 [ብ]ሔር|ወቀተልኩ|በተከዚ|በመዕዶተ|ከመልኬ|ወእምዝ|የ... 15
16 ሒቆሙ|ወተለውኩ|ወትሰ|ዕሥራ|ወሠሌስ|መዋዕለ|ሸ[ር]|እንዘ|እ 16
17 ቀትሎ|ወእዴዎም|ወእመሀርኩ|በወእደ|ጎደረ|ዘእኀዘ|ዴዋ|ወ 17
18 ምሀርክ|ያገብእ|አሕዛብየ|ዘወፈረ|እንዘ|አወጊ|እሀጉሪሁ 18
19 [ዘ]ንድቅ|ወዘ|ሐሠር|ወይበርብሩ|እክሎ|ወብርቶ|ወኀጺኖ|ወኖ[ሕ] 19
20 ሶ|ወያግስኑ|ሠዕለ|አብያቲሁ|ወመዛግብተ|እክል|ሙጡሕ|ወያ 20
21 ጽድፍዎ|ሙስተ|ፈለገ|ሴዳ|ወብዙኀ|ዘሞተ|በወስተ|ማይ|ዘ[ኢአ]| 21
22 [እ]መረ|ጸልቀ|ወእንዘ|አሕግፊሆሙ|ያሰጥሙ|እንዘ|መለአ|ሰፈ 22
23 ን|ሙስቴቶ|እንስት|ወዕድ|ወዴወዉ|መገብተ|ክልእቶ|ሶበ|ይ 23
24 መጽኡ|አዕይንተ|እንዘ|ይጸዐኑ|አርበዕተ|ወእስማቲሆሙ| 24
25 [ይ]ልክ|፩|ቡታሌ|፩|ወእንገቤና|፪|ዘሐነ|፩|ወእለ|ሞቶ|መገብት 25

26 ይናክ | ፳ | ደገሌ | ፳ | አዘክ | ፳ | ሐዊሬ | ፳ | ክርክር | ፳ | ግፊሆሙ | [፳] | . . 26
27 ሰል | ወሰለብም | ቀይደ | ብሩር | ወሕቀተ | ወርቅ | ኮኑ | መገብተ | እለ | 27
28 ሞቱ | ፰ | ወማፊ | ፳ | ወበጸሕኩ | ካሉ | እንዘ | እቀትሎሙ | ወእጼ[ዎዎሙ | በ] 28
29 [መ]ኣ | በርተ | እፍላግ | ዘሊደ | ወተከዚ | ወበሳኒተ | በጸሕኩ | [ፈነው 29
30 [ኩ] | መሬደ | ሰርዌ | መሐዘ | ወሰርዌ | ሐራ | ወደመወ | ወፈለሐ | ወጸሬነ | 30
31 ወልዐልተ | ሲዳ | አህጉረ | ንድቅ | ወዘ | ሐሠር | አስማተ | አህጉሬ [ሁ | 31
32 [ዘ] ንድቅ | አልዋ | ፳ | ደር | ፳ | ወቀተሉ | ወዴወወ | ወአጽደፈ | ውስተ | 32
33 [ማ]ይ | ወሻኅነ | አተዉ | አፍሬሆሙ | ዐርሙ | ወመዊእሙ | በኀይለ | እ[ግ] 33
34 ዚአብሔር | ወእም ነሁ | ፈነውኩ | ሰርዌ | ሐልን | ወሰርዌ | ደከን | ወ 34
35 ሰርዌ | ሰበራት | ወፍልሐ | ወጽራን | መትሕተ | ሊደ | አህጉረ | ኖብ | ዘ 35
36 ሐሠር | ፱ | ንጉሠ | ፳ | አህጉረ | ንድቅ | ዘከሰ | ወኖባ | ነሥዛቶ | ፳ | ዐ . 36
37 . ርተቲ | ፳ | ወበጽሐ | እስከ | ደወለ | ኖባ | ቀይሕ | ወደኅነ | ገብአ | እ 37
38 [ሕ]ዛብየ | ፄዌዎሙ | ወቀቲሎሙ | ወመሀሬኮሙ | በኀይለ | እግዚእ | ሰ 38
39 ማይ | ወተከልኩ | መንበረ | ውስቴተ | መኣበርተ | እፍላግ | ዘሊደ | ወ 39
40 ተከዚ | አንጻረ | ሀገረ | ንድቅ | ዘወ.ሐ | ዘደሴት | ዘወሀበኒ | እ 40
41 ግዚእ | ሰማይ | ፄዋ | ዕድ | [illegible] | ፄዋ | አንስት | [illegible] | ኮነ | [illegible] | 41
42 ወቅትለ | ዕድ | [illegible] | ቅትለ | አንስት | ወደቂቅ | [illegible] | ኮነ | [illegible] 42
43 [illegible] | ኮነ | ፄዋ | ወቅትል | [illegible] | ወምህርክ | ለህም | [illegible] 43
44 [illegible] | ወበግዕ | [illegible] | ወተከልኩ | መንበረ | በዝየ | በሠናይ | በኀይ 44
45 ለ | እግዚእ | ሰማይ | ዘውእቱ | አርደአኒ | ወወሀበኒ | መግሥትየ | ወእ 45
46 ግዚእ | ሰማይ | የጽንዕ | መንግሥትየ | ወከመ | ዮም | ሞአ | ሊተ | ሰምየ | 46
47 ለይመእ | ሊተ | ወእደ | ሖርኩ | ከመ | ዮም | ሞአ | ሊተ | ወእግነይ | ሎቱ | ለ[በ] 47
48 ሬጽ | በጽድቅ | ወበርትዕ | እንዘ | ኢእጌምዕ | አሕዛበ | ወአመሕዕን 48
49 [ዘ] መንበረ | ዘተከልኩ | ለእግዚእ | ሰማይ | ዘአንገሠኒ | ወለም 49
50 [ድ]ር | ዘይጸውር | ለአመዐ | ዘነቀሎ | ወአማሰኖ | ወነሠቶ | ውእቱ | ወ 50
51 ዘመዱ | ይሠረው | ወይትነቀል | እብሔሩ | ይሠረው | ወተከልኩ | ዘመ 51
52 ንበረ | በኀይለ | እግዚእ | ሰማይ | 52

Uebersetzung.

2. [Eza'nâ, Sohn des Ela-'Amidâ, vom Stamme Ḥalen, König von Aksum, und von Ḥemê-
3. r und von Raydân und von Saba' und von Tsiâmô und von Begâ und
4. von Kasu, König der Könige, Sohn des Ela-'Amidâ, der nicht besiegt wird vom Feinde.
5. Er zog aus in der Kraft des Herrn des Himmels, der verliehen hat die Herrschaft über die Völker dem Sohne
6. des Maḥrem, der nicht besiegt wird vom Feinde. Vor mir soll kein Feind bestehen und . . .
7. . . . kein Feind. In der Kraft des Herrn der Welt führte ich Krieg gegen die Nôbâ, als [Vergewaltigung
8. übten] die Leute der Nôbâ, als sie prahlten und nicht überschritten den Takazefluss . . . [das Volk]

9. der Nôbâ, indem sie vergewaltigten die Völker [meines Schutzes] und … und … und niedermetzelten
10. mit Beilen, bekriegten und zerstörten zum zweiten und dritten Mal die …
11. … indem er tödtete seine Grenznachbarn. Und als ich mich erhob und Gesandte an ihn schick-
12. te, um ihm anzuzeigen, dass sie raubten und deren Habe plünderten und auflauerten
13. und Blut vergossen, und als er auf meine Botschaft nicht achtete und sich weigerte, zu verlassen, zurückzukehren
14. und sich zurückzuziehen, da zog ich gegen sie zu Felde, erhob mich in der Kraft des Herrn der Welt
15. und schlug sie am Takaze(fluss) jenseits Kamalkê. Und dann, als sie sich in die
16. Ferne zogen, da folgte ich [fortwährend] dreiundzwanzig (23) Tage, indem ich ihn
17. schlug, ihm Gefangene und Leute abnahm, da, wo der sich niederliess, der weggeschleppt die Gefangenen und
18. die Leute, indem zurückkehrten meine Leute, die zu Felde gewesen waren, indem ich verbrannte ihre Städte
19. von Mauerwerk und von Stroh, und sie plünderten sein Getreide und sein Erz und Eisen und Kup-
20. fer und zerstörten die Bilder seiner Häuser (Tempel) und die Vorräthe des aufgehäuften Getreides und ihn
21. warfen sie in den Fluss Sêda, und viele kamen um im Wasser, welche nicht verstan-
22. den zu schwimmen und indem sie ihre Schiffe zum Sinken brachten, indem sie anfüllten eine Menge
23. darin von Männern und Weibern. Und sie machten zu Gefangenen derselben als
24. sie herankamen als Spione, indem sie ritten, vier, und ihre Namen waren
25. Jesêka 1, Butalê 1, Engabênâ 1, Zaḥan 1; und die Anführer, welche umkamen,
26. Jeuâk 1, Dagalê 1, Ḥawirê 1, Karkar 1; ihr Priester (Wahrsager) . .
27. sal; und sie nahmen ihm weg (als Beutestücke) eine Kette aus Silber und eine Büchse aus Gold; es waren Anführer, welche um-
28. kamen 5 und Priester 1. Und ich gelangte zu den Kasu, indem ich sie schlug und auftrieb
29. am Zusammenflusse der Flüsse Sêda und Takaze. Und am Tage, nachdem ich angelangt war, entsandte ich zu
30. einem Verheerungszuge die Truppe Maḥaza und die Truppe Ḥarâ und sie vergossen Blut und drangen vor und verheerten
31. die Sêda aufwärts die Städte von Mauerwerk und von Stroh; die Namen der Städte
32. von Mauerwerk: Alva 1, Darô 1, und sie mordeten und nahmen gefangen und warfen ins
33. Wasser und kamen wohlbehalten wieder, nachdem sie ihre Feinde geschreckt und besiegt hatten in der Kraft
34. des Herrn der Welt. Und darauf entsandte ich die Truppe Ḥalen und die Truppe Dakan und
35. die Truppe Sabarât und sie plünderten und verwüsteten den Sêda abwärts die Nôbâ-Städte von
36. Stroh(häusern) 4, Negûaô 1; Städte von Mauerwerk der Kasu und Nôbâ: Naâzâtô 1, Ḍ .
37. . rati 1 und gelangten bis zum Gebiete der rothen Nôbâ. Und wohlbehalten kehrten
38. meine Leute zurück, nachdem sie Gefangene gemacht, gemordet und Beute genommen hatten in der Kraft des Herrn des Him-
39. mels. Und ich stellte einen Thron auf innerhalb des Zusammenflusses der Flüsse Sêdâ und
40. Takaze angesichts der Stadt aus Mauerwerk … der Insel, die mir gegeben hat der Herr
41. des Himmels. Gefangene Männer 214, gefangene Weiber 415, zusammen 629.
42. Getödtete Männer 702, getödtete Weiber und Kinder 156, zusammen 800 und
43. 58. Summe der Getödteten und Gefangenen 1487. Und die Beute an Rindern 5500 und
44. 50 und an Schafen 50.150. Und ich stellte einen Thron auf hier im Sadâ durch die Kraft
45. des Herrn des Himmels, da er mir geholfen hat und mein Reich mir gegeben hat. Und der
46. Herr des Himmels kräftige mein Reich, und wie er heute für mich gesiegt hat, möge er ruhmvoll
47. für mich siegen, wo (oder: wohin) ich auch gehe, wie er heute für mich gesiegt hat. Und ich will ihm danken dem
48. Barrats durch Gerechtigkeit und Recht, indem ich nicht unterdrücken werde die Völker. Und ich will stellen

49. diesen Thron, den ich errichtet habe, in den Schutz des Herrn des Himmels, der mich zum König gemacht, und der

50. Medr, welche ihn trägt. Wenn jemand ihn ausreisst und verdirbt und zerstört, so soll er und

51. sein Geschlecht ausgerottet und ausgerissen werden, aus seinem Orte heraus soll er ausgerottet werden. Und ich habe aufgestellt diesen

52. Thron in der Kraft des Herrn des Himmels.

Commentar.

Z. 1. Auf dem Rüppell'schen Abdruck fehlt die erste Zeile, mit Ausnahme von drei Buchstaben, ganz. In der Mitte der Zeile steht bei Rüppell ጸ und gegen Ende ል | ሰ. Dagegen haben die Gewährsmänner d'Abbadie's gelesen |በኃይ|ለ | ንጉሠ | አክሱም | (ወዘ|ሐሜ(ር፡) ..... ሰበእ፡ን = ‚(par la force) du roi Aksum et de Humer (et do Raydân et de) Saba .. .. pour (Z. 2) le renom de etc.' Auch Sapeto will die erste Zeile gelesen haben und die Uebersetzung, die er von derselben gibt, lautet: ‚Par la force de Dieu qui étend le ciel et la terre, Seigneur dans l'éternité, qui a fait roi (Z. 2) Tazena etc.' Mit Recht sagt schon Dillmann, dass diese Lesungen kein Vertrauen erwecken. In der That ist die erste Zeile eine Fiction. Die Inschrift beginnt wie die kleinere mit dem Namen des Königs [ኢዛ]ና und oberhalb der jetzt mit 2 bezeichneten Zeile sind wohl Spuren der Beschädigung des Steines durch ein scharfes Instrument zu erkennen. Buchstaben haben aber da, wie man sich durch eine sorgfältige Prüfung des Abklatsches überzeugen kann, niemals gestanden. Nur gegen Ende der Zeile, oberhalb der Gruppe ም | ወ der Zeile 2 glaube ich auch ሰዘ zu erkennen. Es ist aber entweder eine Täuschung, oder Jemand hat ein paar Zeichen in späterer Zeit einzuritzen versucht. Die Inschrift besteht demnach nicht aus 52, sondern aus 51 Zeilen. Um jedoch keine Verwirrung anzurichten, habe ich die alte Zählung beibehalten.

Z. 2, Ende erkenne ich noch deutlich ወዘ|ሐሜ[ር]. Die drei letzten Zeichen |ሐሜ fehlen bei Rüppell und sind bei d'Abbadie ሐለ[ን] gelesen, aber schon von Dillmann und d'Abbadie ist ሐሜር ergänzt, beziehungsweise verbessert worden. Zur Lesung ሐሜር für ሐሜር vergleiche zu Rüppel I, 3.

Z. 3 steht ሰበእ (nicht ሰብእ) und am Ende der Zeile ist das ወ noch erkennbar. In ጼያም ist auf dem Abklatsche noch deutlich ም zu erkennen. Auf der Tafel steht irrthümlicherweise ሞ.

Z. 4, Anfang steht ክሱ oder ክሲ (das *ሰ*-Zeichen ist sehr undeutlich), aber nicht ኪሰ, wie d'Abbadie liest. ዐሜሃ (für ዐሜሃ) hat Rüppell und glaube auch ich auf dem Abklatsch zu erkennen. Die Gruppe ዘኢይትወቀእ wird mit ቀ geschrieben und ist einer der wenigen Fälle, wo das kurze *a* vor dem Hauchlaut in geschlossener Silbe zu *â* gedehnt wird. Am Ende der Zeile ist ለዐር (mit ዐ, nicht mit ጸ) zu lesen.

Z. 5. Die ersten drei Worte sind von Dillmann so ergänzt worden und scheinen zum Theil vom Abklatsch bestätigt zu werden. Die Schlussworte der Zeile sind unsicher und weichen stark von Rüppell und d'Abbadie ab, die aber mindestens ebenso unsicher und dabei sinnlos sind.

Z. 6. Für die Lesung und Ergänzung ወለደ፡|ወሐርቦ (das letzte ወ hat auch Rüppell) spricht das folgende ዘኢይትወቀ፡ለዐር. Das Wort ይትወቀ für ይትወቀእ ist das einzige Beispiel, wo die Dehnung des *à* zu *â* den Abfall des die Silbe schliessenden Hauchlautes bewirkt. In der folgenden Phrase ist erstens ቀድመየ (für ቀድሜየ) und dann ይቀም auffällig, wofür man ይቀውም erwarten müsste. Als Gegenstück hiezu ist vielleicht zu ergänzen [ወድኅሬየ፡[1] እይቀ]ትል፡ፀር [‚und hinter mir kämpft kein Feind', d. h. keiner hält mir Stand und ich wende Niemandem den Rücken.

Z. 7. በኀይለ፡እግዚአብሔር፡ወበእኩ፡ናባ፡ሰቤ፡ liest auch d'Abbadie. Am Ende der Zeile hat Rüppell እፀቀ.. Ich glaube noch ganz leise Spuren von ገፃዐን zu erkennen. Zur Form und Construction vergleiche Rüppell I, 7 und weiter unten Z. 9.

Z. 8. ወኢይ[በድዉ] ist nach d'Abbadie ergänzt. Gegen Ende der Zeile hat Rüppell ጸ..| ቀዘ..

Z. 9. Für ወንጉርየ hat d'Abbadie ወንጉርሖ, das er für einen Volksnamen hält. Ich möchte am liebsten ወንግሥተ lesen. Wenn aber ወንጉርየ gelesen werden soll, so kann es nur ‚meines Schutzes' oder ähnlich bedeuten. Die beiden folgenden Wörter sind nicht Völkernamen, sondern Verba im Perf., synonym mit ጸረን.

Z. 10. Zu den vorangehenden Verben des Zerstörens stimmt በእናጸሖ sehr gut.

Z. 11. Von hier ab schliesst sich mein Text der Recension Dillmann's an. Abweichungen werden hervorgehoben werden. ወተንሲእኒ ist das einzige Wort, wo für wurzelhaftes ሠ das Zeichen ሰ geschrieben wird. Vergleiche dagegen Z. 14 ወተንሥእኩ.

Z. 11/12. Für ፈነውኩ ergänzt Dillmann ፈነዉኒ. Der Abklatsch hat ይሰምዑዎ mit ይ und nicht ያሰምዑዎ, wie Dillmann liest und der Sinn zu fordern scheint. ሄይዶሙ steht für ሀይዶሙ, wie schon Dillmann bemerkt hat.

Z. 13 liest Dillmann ወደምሊሶሙ፡ለእኩያን ‚wie die Bösewichte raubten . . . und vertilgten'. Zu ደመወ vgl. Z. 30 und ለሊክዩ ist eine sehr passende und sichere Lesung.

Z. 14. Für ወተኀልፎ'[2] schlägt Dillmann ወተሓለዎ oder ወተኅበለ vor. ዐበእከሞሙ ist mit በ (nicht mit ቦ) und ወተንሥእኩ mit ሠ (nicht mit ሥ) geschrieben.

Z. 15. በመዐይተ ist mit መ (nicht mit ማ) geschrieben; für ከመልኪ hat Dillmann ከመ፡ለ. Nach ወአምጽ| am Ende der Zeile ergänzt Dillmann በርሒቆሙ, aber auf dem Abklatsch ist nach dem Trennungsstrich noch ein የ erkennbar.

Z. 16. Für das sinnlose ወተሰ bei Rüppell und d'Abbadie vermuthet Dillmann ወተረ; der Abklatsch hat jedoch ወተሰ. Für ወሠሌሰ (eine Art Imâlah) hat Dillmann ወሠላሰ.

Z. 17. በወእደ mit ወ (nicht mit ዉ).

Z. 18. Für ያገበእ liest Dillmann ወገበእ. Der Abklatsch hat እወዲ mit ወ (nicht mit ዉ).[3]

Z. 20 ist ሠዐሰ mit ሠ (nicht mit ሥ) geschrieben.

Z. 22. Der Abklatsch hat deutlich ጸለቀ. Rüppell gibt ፈለቀ, d'Abbadie ጸእቀ, Dillmann vermuthet ጸሊተ. Die Radix ጸለቀ ist im Aethiopischen sonst nicht nachgewiesen. Der Abklatsch hat ያሰጠሙ oder ይሰጥሙ in gleichem Sinne wie Dillmann's ይሰጠሙ. Für ወሰአ | ሰፈን (oder ሰቀን) liest Dillmann ምሉእን.

Z. 23. እልክቱ liest Dillmann; auf dem Abklatsche erkenne ich ከለ፡ተ, das ich aber nicht deuten kann. Einer Lesung ከልኤቱ widerspricht እርበዕተ in der folgenden Zeile. Für ይወጽኡ (Z. 23/24) hat Dillmann ወጽኡ. Vielleicht ist jedoch zu übersetzen: ‚und es nahmen gefangen zwei (ከልእቱ) Häuptlinge, als sie kamen, Spione, welche ritten, vier'. Dagegen spricht jedoch መገብተ (Acc.).

---

[1] Oder ወድኅሬየ. Es bleibt allerdings fraglich, ob in dieser alten Zeit ይ vor dem Suffix regelmässig eingeschoben worden ist. Die Inschriften bieten nur ein sicheres Beispiel in እምጼዉ II, 31.

[2] Vielleicht ist ወተኃልፎ zu lesen. Der Abklatsch lässt beide Lesungen zu.

[3] Das Zeichen እ ist auf dem Abklatsche im unteren Theile zerstört.

Z. 24. Dillmann und d'Abbadie lesen ተዐይንተ ‚castra', dagegen haben der Abklatsch und Rüppell አዐይንተ, welches ich als Plural von ዐይን ‚Spione' übersetze. Für ደእዐኑ liest Dillmann ያእዐኑ.

Z. 25. Rüppell, d'Abbadie und Dillmann lesen ሱታሊ. Das Zeichen ፪ ist, wie es schon Dillmann vermuthet, für die Ziffer ፩ verschrieben. Auf dem ቢ von ወአንገቢና scheint auf dem Abklatsche ein Strich zu sein (ቧ), der möglicherweise nur von einer Verletzung des Steines herrührt.

Z. 26. Rüppell und d'Abbadie lesen አነከ für አዘከ und ሐየሬ für ሐፄሬ, dann d'Abbadie ክርሬ.

Z. 27. ወሐቀተ. D'Abbadie und Dillmann verbessern ወሐ[ለ]ቀተ ‚Ring'. Die Möglichkeit mit dem Abklatsche ሐቀተ zu lesen und arab. حقّة ‚Büchse' zu vergleichen, ist umsoweniger abzuweisen, als ja auch das vorangehende ቀይድ nur durch قيد erklärt werden kann. Für እሊ፡ም፡ቱ liest Dillmann አለከቱ.

Z. 28. ወበጸሐኮ mit ጸ (nicht mit ጰ). Für ወአደ[ምዎሙ፡በ] ergänzt Dillmann ወ[ነደርኮ፡በ].

Z. 29. [መነ]በርተ ist nach Rüppell und d'Abbadie ergänzt.

Z. 30. Dillmann liest ለመረጽ und am Ende der Zeile ወደመዉ፡ወፈለሑ፡ወጸፈኑ und bemerkt dazu: ‚Von diesen drei Verba, die sonst im Geez nicht zu belegen sind, kann die Bedeutung (etwa verheeren oder dgl.) nur errathen werden.' In der That haben wir ደመወ bereits an zwei Stellen vermuthungsweise ergänzt:

Z. 12/13. ወዐጊተሙ፡[ወደምዮ]ሙ ‚ihr Auflauern und Vertilgen',

Z. 28. እንዘ፡እቀትሎሙ፡ወአደ[ምዎሙ] ‚indem ich sie tödtete und vertilgte'; hier liegt also die Wurzel ደመወ deutlich vor und die angenommene Bedeutung passt vortrefflich. Etymologisch hängt es wohl mit arab. دمى (دمو) zusammen, welches in der zweiten Form ‚Blut vergiessen' heisst. Das folgende ፈለሐ findet sich noch Z. 35 und bedeutet im Semitischen ursprünglich ‚spalten', hier muss es synonym mit ደመወ sein. Das letzte Verb ist nicht ጸፈነ, sondern gewiss ጸረነ zu lesen. Die Wurzel findet sich neben ፈለሐ (Z. 35) und in ähnlicher Zusammensetzung oben Z. 9, endlich als Substantiv ጸርዒ (Rüppell I, 6) und kann ebenfalls nur ‚verheeren, zerstören' bedeuten.

Z. 31. Dillmann liest hier ሌዳ, aber Abklatsch, Rüppell und d'Abbadie haben ሌደ. Für አህጉሪሁ ergänzt Dillmann blos አህጉ[ር].

Z. 32. Dillmann schreibt irrthümlich: ‚ዳር nach d'Abbadie, Rüppell ቶር', der aber wie der Abklatsch ደር hat. ወቀተሉ so Abklatsch und Rüppell; d'Abbadie und Dillmann ወቀተለ und dann ወጼወዉ፡ወአጽደቂ.

Z. 33. Es ist zweifelhaft, ob ደጎን oder ዳጎን zu lesen ist. Vergleicht man das ዳ in ሌዳ (Z. 31), so ist ersteres wahrscheinlicher, womit die sicheren Lesungen ደጎን (Rüppell I, 21, und II, 37) übereinstimmen würden.

Z. 35. Der Abklatsch bestätigt die Lesung Rüppell's ሰበሬተ gegen d'Abbadie, welcher [አ]ህጉሬተ liest. In ወፈለሐ ist das ሐ nicht ganz sicher, es kann auch ሑ gelesen werden, dagegen ist die Lesung ወጽሬን vollkommen sicher und stimmt auch mit Rüppell überein. Es scheint, dass hier Substantiva vorliegen und es müsste also wörtlich genau übersetzt werden ‚und Plünderung und Verwüstung (fand statt)'. D'Abbadie hat ወፈለሖ፡ወጽሬአ und Dillmann liest ወፈለሑ፡ወጸፈኑ.

Z. 36. Der Abklatsch scheint ኑደቅ zu haben, das ኑ ist aber möglicherweise oben abgebrochen, so dass ursprünglich ገ gestanden haben kann, dagegen ist ደ ziemlich sicher und zeigt rechts keine Spur eines Häkchens. Rüppell hat ebenfalls ነዴቀ, wogegen d'Abbadie ነጼቀ liest. Es kann jedoch ነጼቀ nur eine Verschreibung sein: denn an allen übrigen Stellen (Z. 19, 31, 32 und 40) steht deutlich ነጸቀ. Das folgende Wort lautet auf dem Abklatsche und bei Rüppell ዘሐሰ (oder ዘሐሰ). D'Abbadie liest ዘሐሴ. Dillmann ዘሐሱ. Für ወናበ, das ich zu erkennen glaube, haben Rüppell und d'Abbadie ዘ[ናበ]. Das Ende der Zeile, wo ich noch einen Stadtnamen ነምዛተ ፡ ፱ ፡ ፱ . wahrzunehmen meine, fehlt bei Dillmann.

Z. 37. Ebenso fehlt . ርተቲ ፡ ፪ ፡ zu Anfang der Zeile bei Dillmann. Zu Ende der Zeile ergänzt Dillmann dem Sinne nach richtig ተመይጦ, der Abklatsch hat dafür ein Verb ähnlicher Bedeutung ገብአ].

Z. 38. Für ጸዋዖሙ (Dillmann) hat der Abklatsch, wie ich glaube, ጸዋዖሙ (mit einem eigenthümlichen Zeichen für ዋ).

Z. 39. ወገበርተ mit ወ (nicht ዋ, wie man vom Sprunge des Steines getäuscht, glauben könnte). Es ist eher ዘሰደ als ዘሰደ (Dillmann) zu lesen.

Z. 40. Für ዘወ . . hat Rüppell ጰወጅ und d'Abbadie ወሰተ. Dillmann bemerkt richtig: ‚Vielleicht steckt in den drei Zeichen ein Eigenname.' Die Worte ዘወሀበኒ ፡ እግዚእ ፡ ሰማይ bezieht Dillmann auf das folgende ጸዋ, wogegen ich es für wahrscheinlich halte, dass sie mit dem vorangehenden ሀገር zu verbinden sind.

Z. 41. Für ጸዋ an zweiter Stelle hat Dillmann ወጸዋ. Am Ende der Zeile lese ich, abweichend von Rüppell, d'Abbadie und Dillmann, die Ziffer ፮፻፳፱ — 629, die Summe, welche aus der Addition der zwei vorangehenden Zahlen 214 und 415 sich ergibt.

Z. 42. Nach ኮነ am Ende der Zeile 42 und Anfang 43 lese ich die Ziffer ፰፻፶፰ = 858, die Summe der vorangehenden Zahlen 702 und 156. Dadurch sind alle anderen Ergänzungsversuche hinfällig.

Z. 43, wo d'Abbadie ጸዋ ፡ ወቀተለ ፡ ኮርኮ . und Dillmann ጸዋ ፡ ወቀተልን ፡ ብ[ዙኃሙ] lesen, lautet nach dem Abklatsche ኮነ ፡ ጸዋ ፡ ወቀተለ ፲፬፻፹፯ = ‚Summe der Gefangenen und Getödteten 1487' und liefert so die Probe auf die Richtigkeit der früheren Lesungen. Das Wort ሰሀመ wird mit ሰ (nicht mit ሠ) geschrieben.

Z. 44 muss die Ziffer, wenn der Strich vor ፻ nicht eine Verletzung des Steines ist, 51.050 heissen.

Z. 45 wird እርደእኒ mit ደ (nicht mit ዴ) geschrieben. Am Ende der Zeile lese ich (abweichend von d'Abbadie und Dillmann) ወገሥተየ, also mit Elision des ነ. Auch in Rüppell fehlt das ነ nach dem ወ.

Z. 46. Für ያጸገዐ, wie man erwarten müsste, hat der Abklatsch የጸገዐ. Am Ende der Zeile, wo Dillmann ወተረ ergänzt, glaube ich ስምየ zu erkennen, welches ich vermuthungsweise ‚ruhmreich' übersetze.

Z. 47 wird ወእደ mit ወ (nicht mit ዎ) geschrieben. Zu Ende der Z. 47 und Anfang 48 lese ich mit voller Bestimmtheit nach ሎቱ, welches schon Dillmann ergänzt hat, noch ለ[በ]ሔሮ. Zweifelhaft ist nur das በ, welches aber nach Vergleichung von Rüppell I, 25 sicher ergänzt werden kann. Wir haben demnach hier wieder dieselbe Gottheit, welche schon aus der ersten Inschrift bekannt ist. Dadurch verliert die folgende Phrase ihre Beweiskraft für die Behauptung, dass der König sich schon zum Christenthum bekehrt hatte, vollständig.

Z. 48 Ende, nach dem Worte እሕዘበ, ergänzt Dillmann ወው[በ ፡ ሊተ ፡], der Abklatsch hat ወአመሐፀ[ነ]. Die Richtigkeit der Lesung wird durch die analoge Phrase ወአመሐፀንየ ፡ ለዐሰተር in Rüppell I, 25 bestätigt. Es ist nur der Unterschied, dass hier für ዐሰተር die Gottheit እግዚእ ፡ ሰማይ erwähnt wird, welche mit Astar identisch zu sein scheint.

Z. 49/50. Am Ende dieser und zu Anfang der folgenden Zeile liest und ergänzt Dillmann ወ[ዘ]አጽ[ረ]ረ ፡ ዘያጽርረኒ ,und den, der mich befeindete, gestürzt hat‘. Ich lese mit voller Sicherheit ወለምድር ፡ ዘይጸውር ,und ich stellte diesen Thron in den Schutz des Herrn des Himmels und in den Schutz der Medr (Erdegottheit), welche ihn (den Thron) trägt‘. Es ist eine, man möchte sagen, halb mythologische, halb poetische Ausdrucksweise. Die Gottheit Medr ergänzt die Trias der Götter, die schon in Rüppell I vorgekommen ist.

Z. 51. In ዘመዳ ist das Zeichen für *dâ* nicht recht deutlich. Das Häkchen scheint doppelt am Schaft des ደ und auch unten angesetzt zu sein.

Z. 51/52 steht nicht ዘንተ, sondern ዘመንበረ.

Verzeichniss der in den Geez-Inschriften (Rüppell I und II) vorkommenden Wörter und Formen.

ሀ

ሄደ I. 1 ,rauben‘; ሄዱሙ (für ሀየዱሙ) 2, 12.

ሀገር ,Stadt‘ 2, 40; pl. አህጉር 2, 31. 35. 36; አህጉራሁ 2, 18. 31.

ሀረከ — ማሀረከ I ,plündern‘; መሀረክዎ 1, 13; አመሀርኮ 2, 17; መሀሬኮሙ 2, 38. — ምሀርክ ,Beute‘ 1, 21; 2, 18. 43.

ለ

ለ Präposition: a) ,zu‘, Zeichen des Dativs und Accusativs አመሕፀንዎ ፡ ለፀሐተር etc. 1, 25. 26; ተከልኩ ፡ ለእግዚእ ፡ ሰማይ 2, 49; b) ,von‘ nach Pass. ይትመወእ ፡ ለፀር 1, 5; 2, 4. 6. Conjunction mit Jussiv: ለይትን ቀል 1, 28; ለይመእ 2, 47; ለይሙእ 1, 29. Zur Verstärkung wie arab. لام التأكيد in der Gruppe ለእመበ 2, 50.

ሎቱ ,ihm‘; ረነሙኒ ፡ ሎቱ 2, 12; አግንዩ ፡ ሎቱ ፡ ለበሬኸ 2, 47.

ሊተ ,mir, für mich‘ ሞእ ፡ ሊተ 2, 46, 47.

ለሊነ ,wir selbst‘; ለሊነ ፡ ተለውነ 1, 10.

ለአከ I 1 ,schicken‘; ለኢክዎ 2, 13.

ላህም ,Ochs, Rinder‘; ምሀርክ ፡ ለህም 1, 21; 2, 43; ለሀሙ ፡ ፪ 1, 30.

ለዐለ, davon መልዕልተ ,aufwärts‘ 2, 31.

ሐ

ሐመር, pl. አሕማር ,Schiff‘; አሕማሪሆሙ 2, 22.

ሐሠር ,Stroh‘ 2, 19. 31. 36.

ሖረ I 1 ,gehen‘; ሖርኩ 2, 47.

ሕቀት° ,Büchse, Becher‘ (arab. حُقّة) 2, 27 (fehlt im Aethiopischen. Dillmann liest hierfür ሕልቀት ,Ring‘).

ሐዋርያ, pl. ሐዋርያት ,Bote, Gesandter‘; ሐዋርያት 2, 11.

ሐፀነ — አማሕፀነ Quadr. II ,anvertrauen, in den Schutz stellen‘; አመሕፀንዎ 1, 25; አመሕፀን 2, 48.

ሕዝብ, pl. አሕዛብ ,Volk‘; አሕዛብ 1, 23; 2, 8. 9. 48; አሕዛቢየ 2, 18. 38.

መ

ማሀረከ, s. ሀረከ.

መልአ I 1 ,anfüllen, voll sein‘; መለአ 2, 22.

ማሪ, pl. ማርያን ,heidnischer Priester‘; ማሪ 2, 28; ማሪሆሙ 2, 26.

መፍድ ,Kriegsheer‘ 1, 12; ,Verheerungszug‘ 2, 30.

ምስለ ,mit‘ 1, 16. 23.

ማሰነ — አማሰነ II ,verderben‘ 2, 10; አማሰና 2, 50; ያማስኑ 2, 20.

መከሐ — ተመከሐ III, 2 ,prahlen, sich rühmen‘; ተመከሐ 2, 8.

ሞተ I, 1 ,sterben‘ 2, 21; ሞቱ 2, 28 und dafür ሞቶ 2, 25.

ሞአ I, 1 subj. ይማእ ,siegen‘; ሞአ 2, 46. 47; ይሙእ 2, 47; መዊኦሙ 2, 33; ይትመወእ 1, 5 und daneben ይትመዋእ 2, 4 und ይትመዋ 2, 6.

ማይ ,Wasser‘ 2, 21. 33.

ሜጠ I, 1 ,wenden‘; ተመይጠ ,sich wenden, zurückkehren‘ 1, 23; 2, 13.

መጋቤ ‚Anführer, Häuptling‘, pl. መገብት 2, 23. 25. 27.

መጽአ I, 1 ‚kommen‘, ይመጽኡ 2, 24.

ሠ

ሠለስ* ‚drei‘ (für ሠላስ) 2, 16.

ሥልሰ ‚dreimal‘ 2, 10.

ሠረወ I, 2 ‚entwurzeln‘; ተሠረወ pass.; ይሠረው 2, 51 *(bis)*.

ሥዕል ‚Bild‘; ሠዐለ ፡ አብያቲሁ 2, 20.

ረ

ረሐቀ I, 1 ‚fern sein, sich entfernen‘; ረሒቆሙ 2, 15—16.

ረብዐ — አርብዕቱ ‚vier‘ 1, 15; 2, 24.

ርትዕ ‚Gerechtigkeit, Geradheit‘ 2, 48.

ረድአ I, 1 ‚helfen‘; አርድአ ‚Hilfe gewähren‘; አርደአኒ 2, 45.

ሰ

ሰለበ I, 1 ‚plündern‘; ሰለብዎ 2, 27.

ሰርዌ ‚Truppe‘ 1, 9. 10; 2. 30. 34. 35; pl. ሰራዊት 1, 9; ሰራዊትነ 1, 12.

ሰምዐ I, 1 ‚hören‘; ኢሰምዑኒ 2, 13; [የ]ሰምዕዎ 2. 12.

ስም ‚Namen‘; pl. አስማት 2, 31; አስማቲሆሙ 2, 24.

ስሙይ* ‚berühmt‘ 2, 46.

ሰማይ ‚Himmel‘ 2, 5. 38. 41. 45. 46. 49. 52.

ሶበ (ሶቤ) Conjunction ‚als, da‘; ሶቤ ፡ ገፍዖን ፡ ወቀትል 1, 7; ሶቤ ፡ [ገፍዖን] 2, 7; ሶቤ ፡ ተመከሐ 2, 8; ሶቤ ፡ ለኢከየኒ 2. 13; ሶቤ ፡ ይመጽኡ 2, 23.

ሰጠመ — አስጠመ II, 1 ‚zum Sinken bringen‘; ያስጥሙ (?) 2, 23.

ሰነየ — ሰኒት ‚folgende Tag‘; በሰኒተ 2, 29.

ሰፍን ‚Anzahl‘ — ሰፍን 2. 22.

ቀ

ቀተለ I, 1 ‚tödten‘; ቀተሉ (für ቀተለ) 2, 32; ቀተልዎ 2, 15; ቀተልነ 1. 14; ቀተልም 1, 13; Imperf. ይቀትል 2, 11; እቀትሎ 2, 17; እቀትሎሙ 2, 28; Inf. ቀቲሎሙ 2, 38; Subst. ቅትል ‚Mord‘ 1, 17; 2, 42. 43 (selten im Aethiopischen), dafür ቀትል 1, 7 (häufig im Aethiopischen).

ቆመ I, 1 ‚aufstehen‘; ኢይቁም 2. 6.

ቀይሕ ‚roth‘; ኖባ ፡ ቀይሕ ‚rothe Nuba‘ 2, 37.

ቀይድ* ‚Kette‘ (amh. قَيْد) 2. 27.

ቅድመ ‚vor‘; ቅ[ድ]መየ (oder ቅ[ዱ]ሚየ) 2, 6.

በ

በ Präp.: a) local በዝየ ፡ በሠዴ 1, 24; 2, 44; በተከዚ ፡ በመዕዶተ ፡ ከመልክ 2. 15; በወእደ ፡ ኀደረ 2, 17; በመንበርተ ፡ እፍላግ ፡ ዘሴዱ 2, 29; b) temp. በሳኒተ 2, 29; c) mod. በጽድቅ ፡ ወበርትዕ 2. 48; d) instrum. ወጸረነ ፡ በእፍጸሕ 2, 10; በኀይለ ፡ እግዚእብሔር (oder እግዚእ ፡ ሰማይ) 2. 14. 33. 38. 44. 52.

ቦ ‚es ist‘ in እመቦ ፡ ዘ 1, 26; 2, 50.

ብሔር ‚Erde‘; ብሔሩ 1, 27; አብሔሩ (= እም ፡ ብሔሩ) 1. 28; 2, 51 (vgl. እግዚእብሔር).

በርበረ ‚rauben‘; ይበርብሩ 2, 19; በርበርዎሙ 2. 12.

ብርት ‚Erz‘; ብርቶ 2, 19.

ብሩር ‚Silber‘ 2, 27.

ብእሲ ‚Mann‘; ብእሲየ ፡ ሐልን 1, 1; 2, 2.

በጽሐ I. 1 ‚kommen‘ 2. 37; በጸሕኩ 2, 28. 29.

ብዙኅ ‚viel‘ 2. 21.

ቤት. pl. አብያት ‚Haus, Tempel‘; አብያቲሁ 2, 20.

በግዕ ‚Schafe, Kleinvieh‘ 2. 44.

ተ

ተለወ I, 1 ‚folgen‘; ተለውኩ 2, 16; ተለውነ 1, 11.

ትሕት — መትሕተ ‚unterhalb‘ 2, 35.

ተከለ I, 1 ‚aufstellen, errichten‘ 1, 24; ተከልኩ 2. 39. 44. 49. 51.

ኀ

ኀለፈ — ተኀለፈ ‚sich zurückziehen‘; ተኀልፎ 2, 14.

ኀይል ‚Macht, Kraft‘ 2. 7. 14. 33. 38. 45. 52.

ኀደረ I, 1 ‚sich lagern‘ 2, 17; ኀደርነ 1, 11.

ኀደገ I, 1 ‚verlassen‘; ኅዲጎ 2, 13.

ኀጺን ‚Eisen‘; ኀጺኖ 2. 19.

ነ

ናሕስ ‚Erz, Kupfer‘; ናሕሶ 2, 19—20.

ነሠተ I, 1 ‚zerstören, vernichten‘; ዘነሠቶ 1, 26; 2, 50; ተነሥተ III, 1 pass.; ይትነሠት 1, 28.

ነሥአ I, 1 ‚erheben‘; ተንሥአ III, 1 ‚sich erheben‘; ተንሥአኩ 2, 14; ተንሢኦኒ 2. 11.

ነቀለ I, 1 ‚losreissen‘; ዘነቀሉ 1, 27; 2. 50; ተንቀለ III. 1 pass.; ይትነቀል 1. 28; 2. 51.

ነበረ, davon መንበር ‚Thron‘ 1, 24; 2. 39. 44. 49. 51.

ንዋይ, pl. ንዋያት ‚Gefässe, Gegenstände‘; ንዋዮሙ 2. 12.

ንድቅ ‚Mauerwerk, Mauer‘ ሀገር፡ዘንድቅ 2, 19. 31. 32. 36. 40.

ነግሠ I, 1 ‚herrschen‘; አንገሠ ‚zum König machen‘; አንገሠኒ 2, 49. — ንጉሥ ‚König‘ 1, 2; 2, 2. 4; pl. ነገሥት 2, 4. — መንግሥት ‚Königreich‘; መንግሥትየ 2. 46 und መግሥትየ (mit Elision des n) 2, 45; መንግሥቶሙ 1, 6.

ነገረ — መንጉርየ (?) 2. 9.

ነገደ — ነጋዲ ‚Wanderer, Kaufmann‘; ነጋዲ[ነ] 1, 7. — ነገድ, pl. አንጋድ ‚Stamm, Volk‘; አንጋደ 1, 16.

ነጸረ — አንጻረ Präp. ‚gegenüber‘ 2, 40.

አ

ኢ Negation ‚nicht‘ 1, 5; 2, 4. 6. 8. 13.

አለ im Nom. pr. አለ፡ዐሚዳ 1, 1; 2, 2. 4.

እለ Plur. von ዘ; እለ፡ምቱ 2. 25. 27.

እልክቱ (?) 2. 23.

እም = እምነ ‚von‘; እምተከዚ 2, 8; እምቀዶ ‚von Meqado‘ 1, 8; እምዝ ‚hierauf‘ 1, 8; 2, 14. 15. Daneben እምነ in እምኔሁ 2, 34.

እመ Conj. condit. ‚wenn‘; እመቦ፡ዘ ‚wenn jemand‘ 1. 26; 2, 50.

አመረ — አእመረ ‚wissen‘ 2, 21—22.

እስከ Conj. ‚bis‘ 2. 37.

አበየ I, 1 ‚nicht wollen, verweigern‘ 2, 13.

አተወ I, 1 ‚heimkehren‘; አተዉ 2, 33.

አንስሳ (rad. ሰወሰወ) ‚Kleinvieh‘ 1, 22.

አንስት ‚Weiber‘ 1, 18. 19. 20; 2. 23. 41. 42.

እንዘ ‚indem‘ 2. 16. 18. 22. 24. 28. 48.

እክል ‚Getreide‘ 2. 20; እክሎ 2, 19.

እግዚአብሔር ‚Herr der Welt, Gott‘ 2, 7. 14/5. 33/4.

እግዚአ፡ሰማይ ‚Herr des Himmels‘ 2, 5. 38. 41. 45. 46. 49. 52.

ከ

ክልኤ ‚zwei, beide‘; ክልኤ፡ጾቀ 1. 16,7.

ከመ Adv. rel. ‚wie‘ 2. 46. 47.

ከረየ I, 1 ‚graben‘; ከረዩ, Syn. von ጸረነ 2, 9.

ኮነ I. 1 ‚fuit‘ 1, 17. 18. 21; 2, 41. 42. 43; ኮኑ 2. 27.

ካዕበ ‚zum zweiten Male‘; ካዕበ 2, 10.

ወ

ወሀበ I. 1 ‚geben‘; ወሀብኩ 2, 5. 40. 45.

ወለደ I, 1 ‚gebären, zeugen‘; ወለድኩ 1, 30. — ወልድ ‚Sohn‘ 1. 1. 5; 2. 2. 4.

ወርቅ ‚Gold‘ 2. 27.

ውስተ Präp. ‚in, zwischen‘ 2, 21. 32; በውስተ 2. 21; ውስቴቱ 2. 39; ውስቴቶ 2. 23.

ወትሰ (Dillmann liest ወትረ ‚dauernd‘) 2, 16.

ውእቱ ‚er‘ 1, 27; 2, 45. 50.

ውእደ Adv. rel. ‚wo‘; ወእደ 2, 17. 47.

ወዐለ — መዋዕል ‚Tage‘ 2. 16.

ውዕየ — አውዐየ II, 1 ‚verbrennen‘; አውዒ 2, 18.

ውጡሕ ‚aufgehäuft‘ 2. 20.

ወፈረ I. 1 ‚zu Felde ziehen‘ 2. 18. — አውፈረ II, 1 ‚ausschicken auf's Feld‘; አውፈርን 1,12.

ዐ

ዐመፀ I. 2 ‚vergewaltigen, unterdrücken‘; ኢ-እዒምፆ 2, 48.

ዕሥራ ‚zwanzig‘ 2, 16.

ዐይን, pl. አዕይንት ‚Auge, Spion‘. In letzterer Bedeutung አዕይንት 2, 24.

ዕደ ‚Mann, Männer‘ 1. 17. 19; 2, 23. 41. 43.

ዐደወ I, 1 ‚übersetzen‘ (über einen Fluss); ይዐድዉ 2, 8. — በማዕዶተ ‚jenseits‘ 2, 15.

ዐገተ I. 1 ‚auflauern‘; ዐጊቶሙ 2. 12.

ዐውደ Adv. ‚circa‘ 1. 22.

ዘ

ዘ Zeichen des Genitivs 1, 2—4. 17; 2, 2—4. 19. 29. 31. 35. 36. 39. 40.

ዘ Pron. relat. ዘኢይትመወእ 1, 5; 2, 4. 6; ዘነሡ 1, 26; ዘወለድኩ 1, 30; ዘወሀብኩ 2, 5. 40; ዘእኀዘ 2. 17; ዘወፈረ 2, 18; ዘሞተ 2, 21; ዘኢአእመረ 2, 21/2; ዘውእቱ፡አርደእኩ 2, 45; ዘነቀሉ 2, 50; ዘአንገሠኒ 2, 49; ዘይጸውር 2, 50; ዘተከለኩ 2, 49.

ዝ Pron. dem. ‚dieser‘; ዘመንበረ 2, 49. 51; እምዝ 1, 8; 2, 14. 15; በዝየ 1, 24; 2, 44.

ዘመድ ‚Geschlecht, Verwandtschaft‘; ዘመዱ 1, 27; 2, 51.

ዘገበ — መዝገብ, pl. መዛግብት ‚Vorrath‘; መዛግብተ ፡ እክል 2, 20.

የ

ዮም ‚heute, jetzt‘ 2, 46. 47.

ደ

ደም ‚Blut‘. — Davon

ደመወ* ‚blutig schlagen‘ (Syn. von ጸረነ und ቀተለ) ወደመወ ፡ ወፈለሐ ፡ ወጸረነ 2, 30; ወገቶሙ ፡ ወደምዎሙ 2. 13; እቀትሎሙ ፡ ወእደምዎሙ] 2, 28.

ደሰ* (?), Syn. von ጸረነ 2, 9.

ደሰየ — ደሴት ‚Insel‘ 2, 40.

ደቂቅ ‚Kinder‘ 1, 20; 2, 42. ደቅ ‚Söhne‘; ክልኤ ፡ ደቁ 1, 17.

ዳኅን Adv. ‚unversehrt‘; ደኅን 1, 21; 2, 32. 37.

ደወል ‚Gegend, Gebiet‘; ደወለ ፡ ናበ 2. 37.

ገ

ገብአ I, 1 ‚zurückkehren‘ 2, 37. — አግብአ dasselbe; ያገብእ 2, 18. — ምግባእ ‚Sammelplatz‘ 1, 11.

ገነየ I, 1 ‚demüthigen Herzens danken‘; አገነይ ፡ ሎቱ 2, 47.

ጎር, pl. አግዋር ‚Nachbar‘; አግዋሪሆሙ 2, 11.

ጋዝአ siehe አግዚእ.

ገፍዐ I, 1 ‚Gewalt anthun‘; ሶበ ፡ ገፍዕዎን ፡ ወቀተሉ 1, 7; ሰበ ፡ ገፍዐ ፡ ኢሕዛብ 2, 9.

ጸ

ጸለቀ* ‚schwimmen‘(?); ኢአእመረ ፡ ጸልቀ 2, 22.

ጸንዐ — አጽንዐ II, 1 ‚befestigen‘; ያጽንዖ ፡ መንግሥትየ 2, 46.

ጸረነ* ‚zerstören, verwüsten‘; ወደሰ ፡ ወከረየ ፡ ወጸረነ 2, 9; ወደመወ ፡ ወፈለሐ ፡ ወጸረነ 2, 30; ወፍልሐ ፡ ወጽሬን 2, 35. — ጸርኒ ፡ መንግሥቶሙ 1, 6.

ጸረ I, 1 ‚tragen‘; ዘይጸውር 2, 50.

ጸዐነ — ተጽዕነ III, 1 ‚reiten‘; ይጸዐኑ 2, 24.

ጽድቅ ‚Gerechtigkeit‘ 2, 48.

ጸደፈ — አጽደፈ ‚herabstürzen‘ 2, 32; ያጽድፍዎ 2, 21.

ፀ

ፀር ‚Feind‘ 1, 6; 2. 4. 6. 7; ፀሮሙ 2, 33.

ፀብአ I, 1 ‚bekriegen‘; ፀብኦ 1, 6; ፀበእኩ 2, 7; ፀበእክዎሙ 2, 14; ፀበእናሆ 1, 8.

ፈ

ፈልሐ ‚sieden, aufkochen‘. In den Inschriften ist ፈለሐ* synonym mit ጸረነ vielleicht ‚wüthen, zerstören‘; ወፈለሐ ፡ ወጸረነ 2, 30; ወፍልሐ ፡ ወጽሬን 2, 35.

ፈለግ ‚Fluss‘ 2, 21; pl. አፍላግ 2, 29. 39.

ፈርሀ — አፍርሀ ‚Furcht einjagen‘; አፍራሆሙ ፡ ፀሮሙ 2, 33.

ፈነወ I, 2 ‚schicken‘; ፈነውኩ 2, 11/12. 34; ፈነዉን 1, 9.

ፈጽሐ I ‚malleo (መፍጽሕ) contudit‘. In den Inschriften scheint አፍጸሕ* ‚Hammer‘ zu bedeuten; ወጸረነ ፡ በአፍጸሐ 2, 10.

Verzeichniss der Personen- und Ortsnamen.

ሐለን *Ḥalên* in dem Beinamen des *Ĕla-ʿAmidâ* 1, 2 (ሐሌን *ḥalên* geschrieben) und 2, 2. Als Name einer Truppenabtheilung 2, 34.

ሐሜር *Ḥemêr*, Ḥimjar, Volk in Südarabien, (arab. حِمْيَر, sab. 𐩢𐩣𐩺𐩧𐩣) 1, 2; 2, 2.

ሐራ *Ḥarâ*, Name einer Truppenabtheilung 1, 10; 2. 34.

ሐዊሬ *Ḥawîrê*, Häuptling der Nuba 2, 26.

ማሕረም *Maḥrem*, Gott Ares 1, 5. 29; 2, 6 (?).

ማሐዘ *Maḥaza*, Name einer Truppenabtheilung 1, 9; 2, 30.

ምቃደ *Meḳada*, Ort in der Provinz Adiabo 1, 8.

ምድር *Medr*, Gottheit ‚Erde‘ 1, 26; 2, 49—50.

ሣደ *Sada*, das weite Feld vor Aksum, wo

Bent V.

Die folgende Inschrift, von der ich nach dem Abklatsche eine möglichst genaue Zeichnung habe anfertigen lassen, ist bereits in einer ziemlich guten Copie von Salt (Voyage to Abyssinia, p. 408) mitgetheilt worden. Den Fundort der Inschrift beschreibt Salt also: „From this part of the ruins, a small gateway leads to the church, which latter still appears to be kept up with considerable attention, though the steps in front of the portico, which are evidently remains connected with some more ancient structure, are falling fast to ruin. In a wall to the right, on a narrow projecting stone, is inscribed a short Ethiopic inscription, said to be very ancient, a copy of which is here given.'

Facsimile der Inschrift ($^1/_{10}$ der natürlichen Grösse):

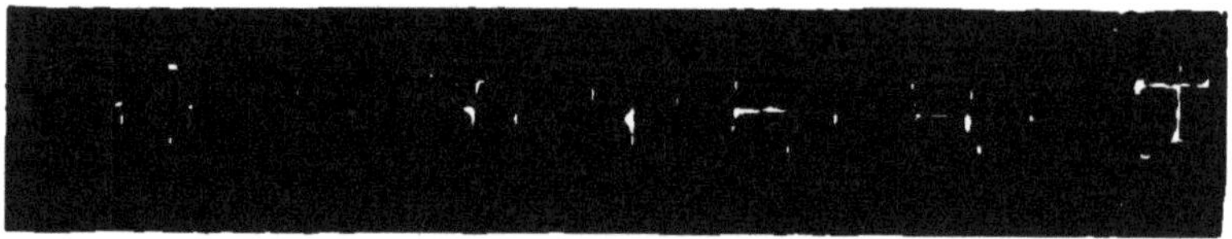

//////// ፡ ዘእ¹ብን ፡ ገበገበ ፡ ዘበዜን +

Diese Zeichnung unterscheidet sich nur darin von der Salt's, dass zu Beginn der Inschrift links bei Salt [+ ·]ዘእብን steht. Salt übersetzt die Inschrift vermuthungsweise:

,This is the sepulchral stone of Bazen.'

Aber erstens scheint vor ዘእብን, wie die Trennungspunkte zeigen, ein Wort ausgefallen zu sein, zweitens steht nicht ዝእብን, sondern ዘእብን, und endlich heisst ገበገበ nicht ,Grabstein'. Ich übersetze daher das Fragment ebenfalls vermuthungsweise:

,[N. N. stiftete] diesen Stein der Halle des Bazên.'

Beat VI. (Tafel IV.)

Diese kleine Inschrift hat bereits eine Geschichte. Sie befindet sich nach Rüppell's Beschreibung[1] im Hofe der an der nördlichen Seite der heutigen Stadt gelegenen Metropolitankirche. ,Nähert man sich ihrem nach Norden zu gerichteten Haupteingange, so stösst man zuerst auf eilf so ziemlich in einer Reihe dicht neben einander errichtete Altäre von eigenthümlicher Bauart. Jeder derselben besteht aus drei sich auf den vier Seiten verkürzenden Stufen, von welchen die unterste beiläufig neun Fuss im Quadrat hat. Auf der zweiten Stufe befinden sich vier Würfel, die an den Eckkanten der dritten anliegen und von welchen jeder eine achteckige Säule trägt, aller Wahrscheinlichkeit nach zur Stütze der Deckplatte. Salt gibt davon in Valentia's Reisen[2] eine neue Vignettenansicht mit der Aufschrift The Kings seat at Aksum. Auf der untersten Stufe eines dieser Altäre ist eine aus zwei Zeilen bestehende äthiopische Inschrift auf sehr rohe Weise eingemeisselt, welche sehr unleserlich ist und von der Salt, S. 407 seiner zweiten Reise, eine Copie mittheilt.'

Diese Inschrift ist, wie schon Salt bemerkt, früher von Bruce[3] gesehen worden. Letzterer sagt hierüber Folgendes:

,Upon a stone, in the middle of one of these, the king sits and is crowned and always has been since the days of Paganism; and below it where he naturally places his feet, is a large oblong slab like a hearth, which is not of granite but of free stone. The inscription, though much defaced, may safly be restored:

ΠΤΟΛΕΜΑΙΟΥ ΕΥΕΡΓΕΤΟΥ
ΒΑΣΙΛΕΩΣ

[1] Ed. Rüppell, Reise in Abyssinien, II, 271.
[2] Georg Viscount Valentia, Voyages and Travels, Vol. III, p. 2.
[3] James Bruce, Travels to discover the source of the Nile, Vol. III, p. 132.

Poncet has mistaken this last word for Basilius; but he did not pretend to be a scholar, and was ignorant of the history of this country.[1]

Salt hat ohne Erfolg nach den Spuren dieser angeblich griechischen Inschrift gesucht, fand aber eine kleine zweizeilige äthiopische Inschrift, die in seiner Reise (p. 407) nach einer Copie Mr. Stuart's facsimilirt ist. Eine viel bessere Copie hatte er schon in Lord Valentia's Reise, Vol. III, p. 91, veröffentlicht. Dort machte er auch den Versuch, die Inschrift zu entziffern, und übersetzt dieselbe:

> The Aboona David removed and broke to pieces here; he thought within himself the Lord was pleased that he so should do.[1]

Ich lese und übersetze die Inschrift mit voller Sicherheit:

አነ | ዳዊት | ግብጻዊ | ዘፀሐፍክዎ |
እግዚኦ | ምሐረኒ

> Ich (bin) Davit der Kopte (Monophysite), der sie (die Inschrift) geschrieben hat.
> O Herr erbarme dich meiner!

Wie man sieht, hat also Salt nur zwei Worte richtig gelesen und übersetzt. Ueber das Alter der Inschrift wage ich kein Urtheil abzugeben, ebensowenig bin ich im Stande, den Stifter genau zu ermitteln. Dass sich der äthiopische König David (1492—1542), der von Grainc, dem Fürsten von Adel, besiegt, aus dem Reiche verjagt in kümmerlichen Verhältnissen starb, als ግብጻዊ bezeichnen sollte, halte ich für wenig wahrscheinlich. Für ein höheres Alter spricht der Trennungsstrich statt des Doppelpunktes. Dagegen ist die Schreibung ፀሐፈ statt ጸሐፈ für diese alte Zeit sehr bedenklich.

Die sabäischen Inschriftenfragmente von Yeha.

Von diesen Fragmenten sind einige bereits durch Henry Salt[2] bekannt worden, von zwei derselben hat auch C. W. Isenberg[3] eine Copie genommen und veröffentlicht. Bent hat von den meisten der früher bekannten und von einigen neu entdeckten gute Abklatsche mitgebracht, die uns in den Stand setzen, den authentischen Text der kleinen Fragmente zu veröffentlichen und einige sachliche und paläographische Bemerkungen daran zu knüpfen. Dass diese Zeichen mit der äthiopischen Schrift zusammenhängen, d. h. mit anderen Worten, dass das äthiopische Alphabet aus dem sabäischen (welches Salt sonst nicht bekannt war) hervorgegangen ist, hat zuerst Salt erkannt.[4] Nach den vorliegenden Abklatschen kann aber nicht mehr bezweifelt werden, dass diese Fragmente nicht nur der Schrift nach sabäisch, sondern auch von einer alten sabäischen Niederlassung herrühren und in sabäischer Sprache abgefasst sind. Der Charakter der Schrift zeigt, wie ich schon früher öffentlich ausgesprochen, dass diese Denkmäler der ältesten Periode sabäischer Geschichte, der Mukrabperiode,

[1] Er fügt jedoch in bescheidener Weise hinzu: If this explanation be just, it accounts satisfactorily for the destruction of the temple and obelisks; but I feel too conscious of my ignorance of the original language, to give it to the public otherwise than a conjecture.

[2] Voyage to Abyssinia (London 1814), p. 432.

[3] Dictionary of the Amharic Language, p. 209.

[4] A. a. O. sagt er: But upon subsequent consideration, I became convinced that they formed a part of an ancient Ethiopic alphabet, some of them being precisely the same with the letters used at the present day, and others exactly resembling those met with in the inscription at Axum.

angehören. Die besonders für die Bestimmung des Alters der Inschriften charakteristischen Buchstaben *m*, *s* und *n* haben hier die ältesten Formen 8, 3 und •. Man beachte ferner die Zeichen für *r*, *s* und *f* ( ), ⅄, ◊), und die oben abgerundeten Formen des Y und Ψ, welche in den Wiener sabäischen Typen über meine Angaben schon nach den ältesten Mustern angefertigt worden sind. Nicht minder zu berücksichtigen ist die Bustrophedon-Schreibweise in den beiden Fragmenten des vierseitigen Capitäls, welche schon ‚Sabäische Denkmäler' S. 108 als Kennzeichen der ältesten Periode erklärt worden ist.

Die Annahme, dass in Yeha eine alte sabäische Niederlassung diese Inschriften gestiftet hat, wird durch die an Ort und Stelle sich noch findenden Ruinen bestätigt. Die Ueberreste dieser grossartigen Bauten sind schon um 1520 P. Alvarez[1] aufgefallen und haben nicht minder die Aufmerksamkeit Salt's auf sich gezogen. Ich lasse hier dem jüngsten Forschungsreisenden in Abessinien das Wort, dessen anschauliche und lebendige Beschreibung von Yeha, die mir handschriftlich vorliegt, hier folgen möge:

‚Der erste Anblick von Yeha machte auf mich einen überwältigenden Eindruck. Auf rundem Hügel erhebt sich eine weitläufige Ruine, ein massives Stück alten Mauerwerkes; daneben befindet sich eine Kirche jüngeren Datums, welche aus altem Baumaterial erbaut worden ist. All dies ist von dem üblichen heiligen Hain und einer Umfassungsmauer umgeben. Wir spannten unsere Zelte an der Aussenseite dieser Mauer unter einer schattenreichen Sykomore auf und blickten auf das weithin sich erstreckende moderne Dorf, welches in Grün gebettet und rings von Gefilden in reichem Aehrenschmucke umgeben war — ein Anblick, wie wir ihn sonst in Abessinien nicht wahrgenommen haben. Hinter dem Dorfe erhebt sich ein steiles, felsiges Gebirge von mannigfacher Form und Gestalt.

‚Das grosse Gebäude auf dem Hügel ist von ganz besonderem Interesse, da es einst den Mittelpunkt einer alten Civilisation bildete, wie sie hier existirte. Die glückliche Erhaltung der Ruine verdankt man dem Umstand, dass sie sich innerhalb heiligen Gebietes und in der Nähe einer Kirche befindet, die jetzt allerdings verlassen ist. Die Länge der Ruine beträgt 20 Yard 1 Fuss $2^1/_2$ Zoll, die Breite 16 Yard 1 Fuss $7^3/_4$ Zoll. Im Osten sind noch 52 Pfeiler erhalten, deren Spitzen von einem eigenartigen Modell gekrönt sind. Das Gebäude hatte wahrscheinlich eine Höhe von 50 Fuss und zeigt keine Spur von Fensteröffnungen. Die Steine sind umfangreich und ohne Cement aneinander gefügt. Die vier unteren Mauerschichten verjüngen sich nach oben um je 3 Zoll und die Winkelsteine sind 3 Fuss $^3/_4$ Zoll lang und 28 Zoll dick. Es sind ‚drafted stones', d. h. wohl behauen und scharfkantig. Das Material ist ein harter, gelblicher Kalkstein, und die Erhaltung des Ganzen ist vortrefflich. Auf der Westseite befand sich ein weiter Thorweg (5 Yards 2 Fuss 5 Zoll) mit Löchern für Thürangeln und hier sind auch Spuren von Feuer. Im Inneren, zu beiden Seiten des Thorweges befinden sich zwei Nischen (recesses), im Uebrigen aber ist der Innenraum von grösster Einfachheit. Vor dem Eingange war augenscheinlich ein Vestibule, von dem einige Steine noch an ihrem Platze sind, aber der grössere Theil dieser Mauer ist von späterer Bauart und darin eingelassen sind zwei Bruchstücke mit himyarischen Inschriften. Vor dem Vestibule standen zwei unbearbeitete Monolithe und an der Basis des einen derselben befindet sich ein Altar mit einer runden Scheibe, wahrscheinlich, nach der Analogie von dem zu Aksum zu schliessen, zur Aufnahme des Blutes der geschlachteten Thiere. In der kleinen zerstörten Kirche, innerhalb der Mauern befinden sich einige Fragmente mit

[1] General-Chronica (Frankfurt am Main 1781), p. 49.

architektonischen Verzierungen, besonders bemerkenswerth ist ein Bruchstück von einer Säule aus röthlichem Sandstein mit verschiedenen Höhlungen (grooves).'

‚Wenige Yards von diesem Gebäude entfernt befindet sich die neue Kirche, viereckig und dem Baue nach gleich der von Asmara; sie ist aus dem Baumateriale der alten Ruinen erbaut, und ein interessantes kleines, in der Mauer eingeschlossenes Fragment ist gewiss ein Bruchstück eines mit Gitterwerk und zinnenartigen Darstellungen verzierten Monoliths, ähnlich dem von Aksum. Viel Schutt ist hier rings herum aufgehäuft und ein dichtes Gebüsch von Schilfrohr, und ich bin überzeugt, dass eine gründliche Ausgrabung auf diesem Boden sehr wichtige Resultate für das Studium der sabäischen Kunst ergeben würde. Die Priester halten zwei sabäische Inschriften in dieser Kirche verborgen, von denen ich eine nach vielen Schwierigkeiten sehen konnte. Sie bildet den Theil eines reich geschnitzten Steines mit himyarischen Inschriften in Relief (Nr. 7, S. 62). Dieses Fragment scheint in Bezug auf die Höhe und die Verzierung, welche entlang des oberen Theiles läuft, mit dem in der Mauer des Vestibuls eingefügten Bruchstücke übereinzustimmen, und beide waren vor ihrer Zerstörung über dem Eingange angebracht. Die übrigen Inschriften waren in den Mauern eines kleinen Hauses im Dorfe eingemauert, weches früher einmal als eine Kirche gedient haben soll.

‚Auf mich machte der Bau durchaus den Eindruck, dass er früher ein Tempel war, gewidmet dem altsabäischen Cultus der Sonnen- und Sterneverehrung. Wie jene Bauten, hat auch dieser keine Fensteröffnungen; der Monolith und der Altar an der Vorderseite deuten ebenfalls darauf hin und die Thatsache, dass die Heiligkeit dieses Bodens aus alter Zeit bis auf unsere Tage überliefert ist, spricht ebenfalls zu Gunsten der Annahme, dass es ein Tempel und nicht eine Festung war.

‚Ausserhalb der Umfassungsmauer sieht man deutlich, wie weit sich dieser Ort in alten Tagen erstreckt haben muss. Auf allen Seiten sieht man Bruchstücke von Säulen, bearbeiteten Quadern und andere interessante Gegenstände eingelassen in den Mauern der Häuser, und etwa 300 Yards entfernt vom Tempel, auf der anderen Seite des Dorfes stand ein Gebäude, von dem nur wenige Steine in ursprünglicher Lage sich befinden, diese aber sind von kolossalem Umfange und wetteifern mit den umfangreichsten Quadern irgend eines griechischen oder etruskischen Baues. Dieses Gebäude ist jetzt fast von der Erde bedeckt und wäre ein äusserst interessantes Object für Ausgrabungen.'

Yeha I und II. (Tafel IV.)

Beide Fragmente laufen auf zwei Seiten von einem vierseitigen Capital, und sind bustrophedon geschrieben. Sie bilden den Theil einer Inschrift. Fragment I ist 0·50 Meter lang und 0·14 Meter breit; Fragment II ist 0·45 Meter lang und 0·14 Meter breit.

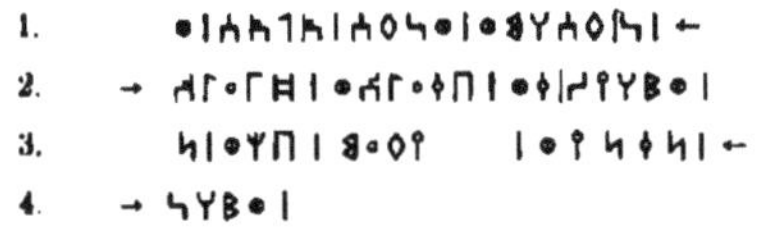

[N. N. und N. N. weihten dem Almakah]

1. ihre Seele und die Seele des Il'aus und
2. Il'agad und Il'aqab und ihre Besitzthümer,

3. welche erworben worden sind [von?] Jaf... in Ḫaw...
4. und ihre Hörigen.

Es enthält diese Inschrift eine Art ‚Personaldedication', wovon eine Reihe von Beispielen in Mordtmann's ‚Himjarische Inschriften und Alterthümer' vorliegt. Als die älteste Dedication dieser Art bezeichnet Mordtmann (a. a. O., S. 31, Note 1) die in ZDMG. XXVI, 425 veröffentlichte Inschrift: ‚R . . . . hat dem Almaḳah ihr Haupt . . . dargebracht'. Unser Fragment aus Yeha bietet nun ein Seitenstück dazu; denn es ist in der ältesten Schrift abgefasst und ebenfalls bustrophedon geschrieben. In den jüngeren Inschriften dieser Art sind die Weihungen an den Gott Ta'lab gerichtet, der eine locale Gottheit der Hamdân war, wogegen in der angeführten Inschrift die Stifter sie der Hauptgottheit Almaqah dediciren. Wahrscheinlich ist unser Fragment auch dem Almaqah gewidmet gewesen, der in Yeha, wie wir weiter unten sehen werden, ein Heiligthum hatte.

Z. 1. Im Einzelnen ist zu bemerken: [Sabaean] scheint verkürzt zu sein aus [Sabaean], womit [Sabaean], [Sabaean] und [Sabaean] zu vergleichen sind.

Z. 2. [Sabaean] ist neu und die Wurzel [Sabaean] weder im Sabäischen noch auch im Arabischen nachweisbar. Man darf vielleicht arab. عجز vergleichen. Sollte schon in dieser alten Zeit auf abessinischem Boden ein Uebergang von [Sabaean] in [Sabaean] vorliegen?

Zu dem Namen [Sabaean], der zum ersten Male im Sabäischen vorkommt, vergleiche die palmyrischen nom. pr. בלעקב und עתעקב.

Z. 3 scheint in [Sabaean] eine Nif'al-Bildung vorzuliegen, wovon ein Paar Beispiele im Sabäischen bereits nachgewiesen worden sind. Der Name [Sabaean] ist ebenfalls neu; von der Wurzel [Sabaean] kommen allerdings verschiedene nom. pr. ([Sabaean], [Sabaean], [Sabaean], [Sabaean], [Sabaean]) und die nom. loci [Sabaean] und [Sabaean] vor. Das folgende [Sabaean] scheint nom. loci zu sein. Ich dachte es mit Ava bei Nonnosus und im Monumentum Adulitanum zu identificiren, indessen wird später in Nr. 5 eine andere Identification versucht werden.

Z. 4 ergänze ich zweifelnd [Sabaean] und vergleiche [Sabaean] in der Personaldedication Glaser 864 (Mordtmann. Himyarische Inschriften und Alterthümer 26, 78). [Sabaean] oder ähnlich zu ergänzen ist allerdings auch möglich.

Yeha III (Tafel IV)

läuft wie die vorige Inschrift ebenfalls rund herum um ein Capitäl, ist 0·60 Meter lang und 0·12 Meter breit. Das mittlere Wort ist in etwas grösseren Lettern geschrieben und ausserhalb der Zeile (nach unten) reichend. Vor dem [Sabaean] steht eine eigenthümliche Verzierung.

[Sabaean] [Sabaean] [Sabaean]

Ueber den Sinn dieses Fragmentes wage ich keine Vermuthung auszusprechen.

Yeha IV. (Tafel IV.)

Zerbrochener Stein im Tempel, 0·17 Meter lang und 0·12 Meter breit, schon von Salt (p. 432) mitgetheilt.

[Sabaean]

Da eine Wurzel [Sabaean] bis jetzt im Sabäischen nicht nachgewiesen ist, dagegen [Sabaean] ziemlich häufig vorkommt und sogar einmal [Sabaean] in der Verbindung [Sabaean] (Glaser,

Collection I, 1) allerdings im Minäischen erscheint, so darf man wohl annehmen, dass das Fragment aus einer Bustrophedon-Inschrift stammt und von links nach rechts zu lesen ist.

Yeha V. (Tafel IV.)

Auf zwei Seiten eines Winkelsteines. 0·40 Meter lang, 0·15 Meter breit.

[illegible] Ɀ●● | 8●ȟ | | ●YX↑ᴨ

Sein Haus AUM und . . . .

Dieses kleine Bruchstück ist für die Bestimmung der Localität von grösster Wichtigkeit. Herr Bent theilte mir in einem Briefe vom 24. Mai 1893 folgende Vermuthung mit:

‚Yeha ist der moderne Name von dem Orte, wo ich die himyarischen Inschriften gefunden habe; er liegt auf dem Wege zwischen Aksum und Adulis. Daselbst befindet sich auch ein Tempel, der vortrefflich erhalten ist, und andere Alterthümer: Monolithe und Bauten von gigantischen Steinen, die gewiss einer sehr entlegenen Vergangenheit angehören. Indem ich alle Ueberlieferungen der Alten hierüber wohl erwog, kam ich zu folgendem Schlusse:

1° Es kann nicht Koloë sein, welches vom Periplus erwähnt wird, dessen Lage ich dort gefunden habe, wo man es erwarten musste, in der Nähe von Halai, auf einem Gebirgsplateau von 7000 Fuss Höhe, oberhalb Adulis, mit einigen griechischen Tempeln und einer Mauer, welche ein Reservoir bildet.

2° Nonnosus erwähnt Ava als einen Ort zwischen Adulis und Aksum.

3° In dem Monumentum Adulitanum II werden mehrere Ortschaften erwähnt, welche der Begründer der Inschrift erobert hat, und darunter Ἀβα.

‚Es ist höchst wahrscheinlich, dass Ava der alte Name des heutigen Yeha war.‘

Nun scheint in der That dieses kleine Fragment aus Yeha die Hypothese Bent's in merkwürdiger Weise zu bestätigen. Ich las und ergänzte dieses Fragment, noch bevor mir Bent seine Vermuthung über die Identität von Ava und Yeha mitgetheilt, in der oben angegebenen Weise und ich erkenne in AUM, indem ich das *m* am Schlusse als Casusendung (Mimation) ansehe, das alte Ἀβα.

Unter X↑ᴨ (بيت) versteht man im Sabäischen ‚Haus‘, aber auch ‚Burg‘ oder ‚Tempel‘. Wir haben also hier einen alten Tempel Ava^{m}, der von den Sabäern in Abessinien errichtet worden ist. In der That wissen wir aus den sabäischen Inschriften in Südarabien, die aus verschiedenen Orten und Zeiten stammen, dass der Gott Almakah, der Tempel in Sirwâh, Ma'rib und anderwärts hatte, auch in einem Tempel 8●ȟ verehrt worden ist; denn er wird wiederholt 8●ȟ | 1°ᴨ ‚Herr von Awâ^{m}‘ genannt. Zwei Inschriften mit 8●ȟ | 1°ᴨ stammen aus 'Amrân (Os. 4, 4; OM 13, 3. 6), eine aus Ma'rib (Os. 34, 5), eine aus Sirwâh (Hal. 44, 3) und eine ist unbekannter Provenienz (Mordtmann, ZDMG. XXX, 288), endlich theilt Ed. Glaser (Skizze I, 68) eine Inschrift in Uebersetzung mit, die sich in Marib auf der Ostseite der Haram-Mauer befindet und lautet:

‚Jada'il Dirrîh, Sohn Simhu'ali's, Mukrab von Saba' umgab mit einer Mauer Awâm, den Tempel Almakah's....‘ Glaser bemerkt dazu ‚dass das in den Inschriften oft genannte Heiligthum 8●ȟ kein anderes sei als der Tempel bei Ma'rib‘. Gleichviel, ob dieser Schluss richtig ist oder nicht, scheint mir, dass der Tempel Avâ^{m} (8●ȟ | ●YX↑ᴨ) in Yeha von dem 8●ȟ der Inschriften nicht getrennt werden darf. Die ausgewanderten Sabäer hatten also auch in der fernen Colonie einen Almaḳah-Tempel Avâm. Etymologisch stelle ich es mit arab. أزى ‚gastlich aufnehmen, einkehren‘ (vgl. hebr. אוה למושב לו Ps. 132, 13 von dem Heiligthum in Zion).

Yeha VI und VII. (Tafel IV.)

‚Die beiden Fragmente sind in Marmor in sehr hohem Relief gearbeitet und bilden augenscheinlich Theile einer Inschrift. Sie befinden sich an dem Thorwege des alten Tempels.‘ Das kleinere Fragment ist 0·35 Meter lang, das grössere 0·65 Meter lang und beide sind 0·12 Meter breit. Das erstere findet sich auch bei Salt 432, und das Ganze hat auch Isenberg, Dictionary of the Amharic language, p. 209 mitgetheilt.

𐩱𐩫𐩬𐩺𐩿𐩨𐩬𐩿𐩥𐩲𐩧𐩬

𐩥𐩨𐩪𐩣𐩩𐩿𐩥𐩲𐩵𐩩𐩣𐩿𐩲𐩧𐩤𐩺𐩩𐩬

'Aknay, Sohn Wa'rân . . . .
Und Basmat und 'Âdatm, die vom Stamme (oder Orte) 'Arḳ. . .

Seltsam sind die Namen 𐩱𐩫𐩬𐩺 und 𐩥𐩲𐩧𐩬, die ich sonst nicht belegen kann. Zu 𐩨𐩪𐩣𐩩 vgl. hebr. בשמה, und 𐩲𐩵𐩩𐩣 ist wohl von der Radix عرو abzuleiten. Nach dem folgenden nom. gentilicium zu urtheilen, scheinen die beiden letzten Frauennamen zu sein.

Yeha VIII (nur bei Salt 431).

𐩠𐩺𐩥𐩣𐩿𐩡𐩫

Der Eigenname 𐩠𐩺𐩥𐩣 (mit Mimation) findet sich H. 629, 𐩠𐩺𐩥 (ohne Mimation), H. 428, 577 und 618.

Yeha IX (nur bei Salt 432 Monogramm).

𐩣𐩨 — 𐩨𐩤𐩣?

Schrift und Sprache.

Auf äthiopischem Boden sind der Schrift und Sprache nach drei verschiedene Arten von Inschriften gefunden worden. Die Inschriften von Yeha repräsentiren den ältesten Ductus der sabäischen Schrift und gehören durch die Form der Buchstaben, sowie durch die Bustrophedon-Schreibweise zum Theile gewiss der ältesten Periode sabäischer Geschichte, der Mukrab-Periode an. In sprachlicher Beziehung stehen sie, soweit die kleinen Fragmente ein Urtheil erlauben, auf der Stufe des Sabäischen.

Eine zweite Schichte äthiopischen Schriftthums bilden die beiden nach altsemitischer Manier von rechts nach links geschriebenen und in einem der jüngsten Periode der sabäo-himyarischen Geschichte angehörenden Alphabet abgefassten Denkmäler von Aksum: die Bilinguis von Aksum und die 29zeilige Königsinschrift des Ela-'Amîdâ.

Eine dritte Schichte bilden die beiden sogenannten Rüppell'schen Inschriften, die von links nach rechts und in einem neuen, durch inhärirende Vocalzeichen variirenden Alphabete geschrieben sind.

Da die ältesten äthiopischen Handschriften um nahezu acht Jahrhunderte jünger sind als die vocalisirten Inschriften von Aksum, die bis jetzt die einzigen äthiopischen Texte aus alter Zeit waren und jetzt noch die ältesten vocalisirten Sprachproben sind, so wird man die Bedeutung und den Werth dieser Sprachdenkmäler daraus ermessen können. Der Werth dieser in äthiopischer Vocalschrift abgefassten Texte war aber durch die mangelhaften Copien sehr beeinträchtigt und man konnte bei dem scheinbar schwankenden Gebrauche der Vocale keine sicheren Schlüsse auf die alte Form der Sprache daraus ziehen. Nachdem wir aber durch die von Herrn Bent mitgebrachten Abklatsche den authentischen Text der Inschriften herzustellen in der Lage sind und mit Gewissheit sagen können, dass das Vocalsystem und dessen schriftliche Wiedergabe ganz so ausgebildet ist wie in den ältesten Handschriften, so erlangen die Königsdenkmäler von Aksum erst jetzt in schrift- und sprachgeschichtlicher Beziehung ihre eigentliche Bedeutung, und es kann nunmehr die Forderung erhoben werden, aus diesen Inschriften das Bild der altäthiopischen Sprache, wie sie zur Zeit der Blüthe des aksumitischen Reiches gesprochen worden ist, zu entwerfen.

Wir sind aber auch durch die Inschriften von Yeha, sowie ganz besonders durch die Bilinguis und das 29zeilige Fragment (Bent I und II) in den Stand gesetzt, die Entwicklungsgeschichte der äthiopischen Sprache noch vor der Reform der Schrift und der Einführung der inhärirenden Vocalzeichen zu beobachten. Bevor also der Versuch gemacht wird, die ältesten vocalisirten Texte auf ihre sprachgeschichtliche Bedeutung hin zu prüfen, muss an der Hand der beiden nicht vocalisirten Inschriften von Aksum untersucht werden, aus welchem Ursprunge die äthiopische Sprache stammt und durch welche Mittel sie zu dieser ganz eigenthümlichen Bildung gelangt ist.

Dass das Aethiopische seinem Ursprunge und Wesen nach eine rein semitische Sprache und durch Einwanderer aus dem Jemen nach Abessinien verpflanzt worden sei, ist schon früher erkannt worden. Die Verschiedenheit jedoch, welche zwischen dem Sabäischen und Nordarabischen einer- und dem Aethiopischen andererseits nachgewiesen worden ist, wobei die Alterthümlichkeit und Ursprünglichkeit nicht immer den Bildungen der arabischen Idiome zuerkannt werden konnten, machte es schwer, das genealogische Verhältniss des Aethiopischen zum Nord- und Südarabischen festzustellen. So ist z. B. das Fehlen des Artikels im Aethiopischen, der von den verschiedenen semitischen Sprachen verschieden gebildet wird und also nicht aus gemeinsemitischer Urzeit stammen kann, als ein Zeichen der Alterthümlichkeit angesehen worden. Auch in paläographischer Beziehung weist das äthiopische Alphabet einige Zeichen auf, die dem phönikischen näher zu stehen scheinen als die entsprechenden sabäischen, so dass man geneigt sein könnte, die Auswanderung der südarabischen Völker nach Abessinien in eine Zeit zu verlegen, wo die sabäische Schrift und Sprache, wie sie uns in den Inschriften vorliegen, noch nicht ausgebildet waren.

Diese Hypothesen werden durch die auf abessinischem Boden gefundenen Inschriften ein für alle Male beseitigt. Nachdem in Yeha alte sabäische Inschriften entdeckt worden sind, welche aus der ältesten Epoche sabäischen Schriftthums stammen, so kann an der frühzeitigen Einwanderung sabäischer Völker nach Abessinien nicht gezweifelt werden. Aber in diesen Fragmenten sind Schrift und Sprache schon ganz in derselben Weise ausgebildet, wie sie die sabäischen Denkmäler auf sabäischem Boden zeigen. Nun liegen auch in den beiden nicht vocalisirten Inschriften von Aksum die ältesten äthiopischen Sprachdenkmäler vor und sie zeigen in Schrift und Sprache Abhängigkeit vom Sabäischen. Das Aethiopische wird bekanntlich rechtsläufig geschrieben und die Vocale werden durch leichte Veränderungen an den Consonanten ausgedrückt. Die Rüppell'schen Inschriften zeigen, wie schon hervorgehoben worden ist, graphisch und linguistisch denselben Charakter wie das spätere Aethiopisch. Im Gegensatze hierzu sind die beiden ältesten Inschriften von Aksum in sabäischer Consonantenschrift ohne vocalische Veränderung und linksläufig geschrieben. Eine Prüfung der Buchstabenformen von Bent I und II und eine Vergleichung derselben mit den Schriftzeichen der himyarischen Inschriften aus derselben Zeit, lassen darüber keinen Zweifel, dass die äthiopische Schrift vor der Reform in fortdauerndem Contacte mit dem Sabäischen geblieben ist und nicht etwa sich von demselben getrennt und eigene Wege eingeschlagen hat. Die charakteristischen Zeichen der Buchstaben *m*, *š* und *w*, nach denen man insbesondere das Alter einer sabäischen Inschrift bestimmen kann, zeigen auf den Denkmälern von Aksum dieselben Formen wie auf den jüngsten himyarischen Inschriften (3, 𐩦. ∞, ∞) und auch sonst zeigt der ganze Ductus denselben abgenützten und unregelmässigen Schriftcharakter der jüngsten Epoche. Dabei ist noch die merkwürdige Thatsache zu beachten, dass bei der Reform der Schrift dem neuen Alphabete ein älteres sabäisches Alphabet, wahrscheinlich aus dem Staatsarchive zu Aksum entnommen, zu Grunde gelegt worden ist. Man vergleiche z. B. ϖ und • der Rüppell'schen Inschriften mit alt-sub. 𐩦 und •.

Aus dieser Betrachtung geht mit Sicherheit hervor, dass die äthiopische Schrift aus der sabäischen, wie sie uns die ältesten Inschriften erhalten haben, hervorgegangen und durch viele Jahrhunderte mit derselben im Contacte geblieben ist.

Wenn nun das äthiopische Alphabet um einige Zeichen weniger als das sabäische besitzt, so darf man nicht annehmen, dass das Sabäische diese Zeichen erst nach der Trennung vom Aethiopischen geschaffen hat, sondern dass diese Zeichen im Aethiopischen vorhanden waren, aber im Laufe der Zeit verloren gegangen sind. Es fehlen bekanntlich folgende fünf sabäische Zeichen im äthiopischen Alphabet: 𐩹. 𐩻, 𐩼. 𐩯 und 𐩶. Die Annahme, dass diese Zeichen erst nach der Trennung vom Aethiopischen auf sabäischem Gebiete differenzirt worden sind, ist abgesehen von anderen Gründen, schon durch die Thatsache widerlegt, dass die Zeichen 𐩹. 𐩻 und 𐩼 in den Inschriften von Aksum noch vorkommen, und es kann kein Zweifel obwalten, dass auch die beiden übrigen Zeichen ursprünglich im äthiopischen Alphabet vorhanden waren.[1]

Während oder zum Theile schon vor der Reform der Schrift müssen also die erwähnten Zeichen aus dem äthiop. Alphabete ausgeschieden worden sein, und es fragt sich, mit welchem Rechte und aus welchen Gründen dies der Reformator gethan hat. Die Einbusse von vier Zeichen für Zischlaute (𐩹. 𐩻. 𐩼 und 𐩯), welche das äthiopische Alphabet erlitten hat, muss auf lautliche Gründe zurückgeführt werden. Es ist natürlich, dass bei der Einführung der inhärirenden Vocale darauf geachtet werden musste, überflüssige Zeichen zu beseitigen, weil jedes Zeichen durch die inhärirenden Vocale sieben verschiedene Varianten darbot; aber Buchstaben, welche zur Wiedergabe bestimmter Laute unentbehrlich waren, sind gewiss nicht abgeworfen worden. Man darf daher annehmen, dass noch vor der Reform gewisse Laute in der Aussprache und in Folge dessen deren Zeichen in der Schrift verwechselt worden sind, so dass durch Weglassung einiger dieser Zeichen keine wirkliche Einbusse an Schriftmittel zu befürchten war. In der That finden wir in beiden Inschriften, insbesondere aber in der älteren Bilinguis ein starkes Schwanken im Gebrauche der Zischlaute. So werden 𐩹 und 𐩸 mit einander verwechselt in dem Worte 𐩸𐩨𐩢 (جِزْب, ሕዝብ), welches Bent I, 3 im Sing. 𐩨𐩸𐩢 und Z. 5 und 6 zweimal im Plur. 𐩱𐩺𐩨𐩹𐩢𐩠 geschrieben wird;

---

[1] Ueber die beiden Zeichen im libyanischen Alphabete vergleiche meine *Epigraphischen Denkmäler aus Arabien* S. 18.

ferner in dem Zeichen des Genitivs Ħ, welches im Bent I, 1 0>0ΨĦ (= ዘእምኤር) lautet,[1] während es in Bent II, 2—3 wiederholt verstärkt durch ein pronominales 0 als 0X erscheint in 0ЧĦ?>|0X⚬|0>0Ψ|0X⚬ etc. Das Zeichen X findet sich noch Bent I, 7. 11, 19, 20, 23, aber durchwegs in dunklen oder zerstörten Wörtern.

Das Zeichen X steht in Bent II, 4, 6 im Völkernamen 0Xሰ, wofür Bent I. 2 0ሰሰ in Uebereinstimmung mit den Geez-Inschriften ኖባ schreibt. Ausserdem scheint X nur noch II, 8 in X⚬X⚬ (= وسواس?) vorzukommen.

Für X wird 8 geschrieben in 0Y8ΠЧh⚬ ‚und er versah ihn mit Brod' (Bent I, 6), womit arab. خبز, äth. ኅብዝ ‚coxit panem' und ኅብስት, pl. ኅባውዝ (also auch mit Wechsel von ስ und ዝ!). Sonst findet sich 8 noch I, 9 und 12, aber in dunklen Wörtern.

Für ursprüngliches 8 steht ሰ wie im Aethiopischen in ኀሰ0 ‚mit' (Bent I, 4. 5; II, 11. 17. 27. 28), äth. ምስል (arab. مثل); ferner in 0XሰЧh (Bent I, 5), äth. አንስት, sab. 0X8Чh, arab. أنثى, endlich in 0XሰĦሰ (Bent I, 4), äth. ስድስት, sab. X8Ħ8.

Es ist daher kein Wunder, dass der Reformator einige Zeichen für Zischlaute weggelassen hat. Die beiden Buchstaben Π und 𐩸 scheinen schon vor der Reform der Schrift, weil die adäquaten Laute verloren gegangen waren, abgeworfen worden zu sein.

Bei der Neigung der äthiopischen Sprache die vielen semitischen Zischlaute zu eliminiren und bei dem Umstande, dass in den ältesten Texten trotz des sehr schwankenden Gebrauches der Zischlaute eine erkleckliche Anzahl derselben in der Schrift ausgedrückt wird, muss es doppelt auffallen, dass durch Differenzirung aus ሰ in ähnlicher Weise wie im Amharischen ሸ gebildet zu sein scheint. Dieses Zeichen findet sich lediglich im Ela-Amîdâ-Fragment in der Wurzel ሸለበ, die aber sieben Male in verschiedenen Verbindungen vorkommt. Ich habe bereits die Vermuthung ausgesprochen, dass es mit äth. ሐለበ identisch ist, einer Wurzel, die sich in gleichem Sinne in der Bilinguis und in den Geez-Inschriften findet. Wir haben also in ሸ keinen ursprünglichen Zischlaut, sondern einen *ḥ*-Laut mit ganz eigenthümlicher Aussprache zu erkennen.

Nachdem über Laute und Schrift der beiden ältesten Inschriften von Aksum gesprochen worden ist, will ich auch den Charakter der Sprache in Bezug auf Formenlehre und Syntax, wie nicht minder in Betreff des Wortschatzes untersuchen. Beim ersten Anblick der Bilinguis glaubt man einen sabäischen Text vor sich zu haben, so springen die auf Mimation auslautenden Eigennamen und Appellativa in's Auge. Nach und nach treten aber sichere äthiopische Wurzeln, Formen und Bildungen hervor, aber mitten darin mit sabäischen Wörtern und Endungen untermengt, dass man meinen könnte, ein sabäischer Schreiber, der des Aethiopischen nicht ganz mächtig war, müsse diese Inschrift niedergeschrieben haben. Bei genauer und sorgfältiger Prüfung erkennt man jedoch hierin ein Aethiopisch, das von alten formelhaften Wendungen und Bildungen durchsetzt ist, die wahrscheinlich um die Zeit der Abfassung der Inschrift (Mitte des 4. Jahrhunderts n. Chr.) nicht mehr im Munde des Volkes gebraucht waren, aber in älterer Zeit gewiss angewendet worden sind. In einem solchen Texte, der Aethiopisch und Sabäisch gemischt zu sein scheint, gilt es zuerst die sicheren äthiopischen Elemente festzustellen und das scheinbar Fremdartige zu prüfen, ob es organisch mit dem Aethiopischen zusammenhängt oder von aussen hereingetragen worden sei.

[1] Vgl. auch Ħ als pron. relat. Bent I, 8 und 11.

In lautlicher Beziehung ist der äthiopische Charakter der Sprache bereits oben gekennzeichnet worden. Echt äthiopische Wörter und Formen sind:

𐩬𐩴𐩦𐩣, pl. 𐩬𐩴𐩦𐩩𐩣 ‚König‘ (I, 4; II, 4, 27), äth. ንጉሥ, pl. ነገሥት.
𐩵𐩤𐩤𐩣 ‚Kinder‘ (I, 5), äth. ደቂቅ.
𐩱𐩬𐩪𐩩𐩣 ‚Weiber‘ (I, 5/6), äth. አንስት.
𐩡𐩠𐩣𐩣 ‚Rinder‘ (I, 7), äth. ላህም, Geez-Inschriften ለህም.
𐩨𐩢𐩧𐩣, pl. 𐩱𐩨𐩢𐩧𐩣 ‚Land‘ (I, 5, 9, 14, 21; II, 15), äth. ብሔር, pl. በሓውርት, aber auch sab. 𐩨𐩢𐩧 in der Bedeutung ‚loco‘.
𐩦𐩴𐩣 ‚Fleisch‘ (?) (I, 19), äth. ሥጋ.
𐩵𐩥𐩡𐩣 ‚Gegend, District‘ (II, 20), äth. ደወል.
𐩴𐩵[𐩣] ‚Geschenk‘ (II, 24), äth. ጋዳ.
𐩮𐩨𐩢𐩩𐩣 ‚Tribut‘ (II, 12), äth. ጸባሕት.
𐩪𐩵𐩪𐩩𐩣 ‚sechs‘ (I, 4), äth. ስድስቱ.
𐩳𐩥𐩥 ‚in's Exil führen‘ (I, 19), äth. ፄወወ.
𐩣𐩭𐩵𐩧𐩣 ‚Lager‘ (2, 19), äth. ማኅደር.
𐩩𐩣𐩥𐩱 ‚besiegt werden‘ (I, 2; II, 5), äth. ተመውአ.
𐩩𐩬𐩦𐩱 ‚sich erheben‘ (II, 5), äth. ተንሥአ.
𐩰𐩬𐩥 ‚schicken‘ (II, 5, 9, 12, 25), äth. ፈነወ.
𐩨𐩮𐩢 ‚kommen‘ (I, 4) und 𐩨𐩮𐩪̃ (II, öfters), äth. በጽሐ.
𐩱𐩪𐩧𐩴𐩥 ‚schmücken‘ (? I, 13), äth. አሰርገወ.
𐩣𐩪𐩡 ‚mit‘ (öfters in I und II), äth. ምስለ.
𐩱𐩬𐩸 ‚indem‘ (I, 9), äth. እንዘ.
𐩥𐩱𐩵 ‚wo‘ (I, 14), äth. ውእደ.
𐩱𐩣 ‚von‘ in 𐩱𐩨𐩢𐩧𐩣 (I, 9), äth. እብሔርሙ.
𐩱[𐩺] ‚nicht‘ (I, 2, 5; II, 5), äth. ኢ.

Eine ganz besondere Eigenthümlichkeit des Aethiopischen, wodurch es sich von allen semitischen Sprachen auszeichnet und unterscheidet, ist der Gebrauch des thatwörtlichen oder absoluten Infinitivs zur Bildung von Nebensätzen. Solche Bildungen finden sich wiederholt und sicher in beiden Inschriften:

I, 3 𐩠𐩸𐩨 | 𐩨𐩴 | 𐩱𐩨𐩺 | 𐩡𐩱𐩫 = ἀταχτησάντων τοῦ ἔθνους τοῦ Βουγαειτῶν ἀπεστείλαμεν, äth. ሕዝብ፡ቡጋ፡አበዮ፡ለአክ.
I, 4 𐩥𐩨𐩮𐩢𐩣𐩣 | 𐩠𐩧𐩫𐩨𐩠𐩣 = καὶ παραδεδωκότων αὐτῶν . . . ἤγαγον, äth. ወበጺሖሙ፡ አርከብዎሙ.
II, 5 𐩩𐩬𐩦𐩱𐩣 | 𐩰𐩬[𐩥··] = äth. ተንሢኦሙ፡ፈነወ.
II, 7 𐩥𐩨𐩮𐩪̃𐩣 | 𐩥𐩡𐩨𐩬𐩣 etc.

Eine äthiopische Eigenthümlichkeit ist es ferner, die Zahlen 3—10 mit dem Gezählten nicht durch den Stat. constr., sondern durch Apposition zu verbinden. Der einzige Fall, der vorkommt, zeigt diese Eigenthümlichkeit; es ist 𐩪𐩵𐩪𐩩𐩣 | 𐩬𐩴𐩦𐩩𐩣 (I, 4) = βασιλίσκοι ἕξ, äth. ስድስቱ፡ነገሥት.[1]

Auffallend ist auf den ersten Anblick die scheinbar regellose Suffixform der 3. Pers. Plur., die bald wie im Aeth. 𐩣, bald aber wie im Sab. und Arab. 𐩠𐩣 geschrieben wird. Eine genaue Prüfung im Einzelnen ergibt aber, dass insbesondere in der Inschrift II der Weg-

[1] Es ist sehr wohl zu erwägen, ob nicht in dem langen â im Auslaut der Zahlwörter 1—10 die alte Mimation steckt. Wird ja auch im Nabatäischen die Mimation durch auslautendes â wiedergegeben.

fall des *h* Regel ist. Eine einzige Ausnahme scheint in ОΥ⊳|7 (Z. 24) vorzuliegen, wo das *h* auch eine eigenthümliche Form hat. Das Wort ⊳|7 kommt jedoch, wie im Commentar ausgeführt worden ist, von einer Radix tertiae *w* oder *y*, hat also *gâdâ* (äth. ጋዳ) gelautet, was sehr wohl das Verbleiben des *h* im Suffix erklärt.

Nicht so einfach liegt die Sache in der ersten Inschrift, der Bilinguis. Neben regelrechten Formen wie ООΨᏂП (ብጺሖሙ፣), О◊◊⊳| (ደቂቆሙ፣), ООХᏂЧƙ (እንስቲሆሙ፣), ОО›ΨПƙ (እብሔርሆሙ፣) etc. finden sich Suffixe auf ОΥ. Zum Theile lassen sie sich allerdings erklären:

I, 4, 6 ОΥПХΨƙ = አሕዛቢሆሙ.
I, 8 ОΥ!ПЧƙ — *አሕባሪሆሙ, neben አሕባሮሙ.
I, 4 ОΥПᏂ›Υ = *አርኮቢሆሙ, neben አርኮቦሙ.
II, 14, 25 О▬◦›Ʒ = ሠረዖሙ (also ganz wie im Aethiopischen).

Eine seltsame Form bildet ▬ОƙПВ? I, 3/4, das vielleicht nur für О▬ƙПВ? verschrieben ist. Nach dem Muster von ОΥПХΨᏂ müsste man auch I, 5 in ОО▬?Чƙ und II, 18 in ОППƷƙ das Suffix ОΥ erwarten; es ist aber sehr wohl möglich, dass in alter Zeit der Bindevocal *i* im Plural noch nicht ganz durchgedrungen war, woraus sich der schwankende Gebrauch des *h* leicht erklärt.

Dass auch im Causativ einmal Υ als Präfix vorkommt (ОΥПᏂ›Υ) und einmal ƙ (in ОΥ!ПЧƙ) ist nicht weiter auffallend. Haben wir ja eine ganz ähnliche Erscheinung im Biblisch-Aramäischen, wo das Causativ ebenfalls bald mit ה bald mit א geschrieben wird.

Nachdem nun durch lautliche, formale und syntaktische Erscheinungen der äthiopische Charakter der Sprache sichergestellt worden ist, müssen wir die scheinbar fremdartigen Bildungen, die nach unserer bisherigen Anschauung nicht in den Rahmen äthiopischer Sprachgestaltung hineinpassen, einer Prüfung unterziehen.

Die auffallendste Erscheinung, welche diese Inschriften bieten, ist die Mimation, von welcher im Aethiopischen bis jetzt nur vereinzelte und unsichere Spuren nachgewiesen werden konnten.[1] Dass sie nicht etwa von einem sabäischen Schreiber erst hineingetragen worden sind, braucht wohl kaum erst bewiesen zu werden. Nicht nur die Eigennamen, sondern auch Appellativa haben die Mimation. Die Regeln, welche im Arabischen in Bezug auf den Gebrauch der Nunation herrschen und die im Wesentlichen auch im Sabäischen gelten, finden hier keine Berücksichtigung. Man schreibt z. B. ОƙПᏂ▬|ОХƷПΨ▬|ОЧ⊳|?› gegen den arabischen und sabäischen Gebrauch. Niemals wird in einer sabäischen Inschrift ОƙПᏂ geschrieben,[2] sondern immer ƙПᏂ und ebenso wenig ОЧ⊳|?›, sondern stets Ч⊳|?› (يَزَن). Diese gegen jeden sabäischen Gebrauch verstossenden Formen können unmöglich durch einen sabäischen Schreiber herübergenommen worden sein.

Es scheint die Mimation allerdings nicht mehr im lebendigen Gebrauch gewesen zu sein, sie ist vielmehr als ein Ueberbleibsel aus alter Zeit in officiellen Actenstücken beibehalten und deshalb auch dort angewendet worden, wo sie zur Zeit des lebendigen Gebrauches nicht hätte angewendet werden können. Daraus erklärt sich vielleicht auch der Ansatz des О an das pronominale Х in Bent II, wo ОХ für äth. ዘ steht und gewiss darf man damit die ganz ungrammatische Verbindung ОЧХƷ7Ч|ОƷ7Ч (II, 4) wie das enklitische *m* nach dem Suffix der 3. Pers. Plur. in Zusammenhang bringen. Beispiele des enklitischen

[1] Vielleicht nur im Worte ትማልም ‚gestern' (hebr. תְּמוֹל).
[2] Wohl aber im Nordarabischen أَبْنَا.

m sind: ወወሠጸበ (I, 4); ወወሠበጸሠአ (I, 5. 6); ወወሙየነከ (I, 5); ወወኀሐነመ (I, 5/6); ወወኀሠበከ (I, 9); ወወገሙዐ (II, 20); ወወሙሙዖ (II, 25). Ein Ueberbleibsel dieses m ist gewiss die enklitische Partikel ሙ, von der Dillmann, Aethiopische Grammatik § 162, handelt.

Ein Ueberbleibsel aus alter Zeit ist noch in Bent I, 1 das Wort መለከ ‚König' für ንጉሥ und Z. 2 ነመለከ፡መለከ für ንጉሠ፡ነገሥት, wobei auch das determinirende *an* zu beachten ist, welches auch Bent II, 4 in ወነኀዐገነ፡ወዐገነ vorzukommen scheint und zwar hier curioser Weise mit folgender Mimation.

Nicht zu vergessen ist das Vorkommen des Duals ሠየሙሠከ (أَخَوَيْهِ) in der Bilinguis Z. 3, während sonst im Aethiopischen nur in ክልኤ eine Spur des Duals vorhanden ist. Auch das Wort ነበ ‚Sohn' (I, 2) für ወልድ ist eine Alterthümlichkeit, die so wie die übrigen in der Inschrift des Ela-'Amîdâ durch jüngere Formen ersetzt worden sind. Dafür hat aber diese Inschrift die Conjunction ዐ = ف (Z. 10), welche in Bent I fehlt.

Es ist gewiss nicht anzunehmen, dass die Sprache der beiden Inschriften und insbesondere die der Bilinguis genau die Volkssprache von Aksum zur Zeit des Aeizanas wiedergibt; denn in der verhältnissmässig kurzen Zeit, die bis zur Reform der Schrift und Sprache unter der Regierung des Ezanâ, des Sohnes von Ela-'Amîdâ, verfloss, hätten selbst bei einiger Gewaltsamkeit die Spuren der alten Sprache nicht so vollkommen vertilgt werden können. Dagegen dürfte es unter der Voraussetzung, dass die sabäisirenden Formen und Bildungen nach archivalischen Vorlagen aus früherer Zeit herübergenommen worden sind, nicht auffallen, wenn derartige Archaismen nach der Reform der Schrift und Sprache ganz verschieden sind. Zwischen diesen alten Floskeln und der Volkssprache war eine solche Kluft entstanden, dass es dem Reformator ein Leichtes war sie ganz zu beseitigen.

Diese Inschriften haben aber deswegen, weil sie nicht die Volkssprache von Aksum im vierten Jahrhundert n. Chr. repräsentiren, sondern auch ältere Sprachüberreste enthalten, keinen geringeren Werth; im Gegentheile, sie sind noch werthvoller, weil sie eine noch ältere Periode der äthiopischen Sprache offenbaren. Es ist ziemlich gleichgültig, ob die Mimation und das determinirende *an* in der Sprache von Aksum im vierten Jahrhundert noch angewendet worden sind, oder zwei Jahrhunderte früher. Dass sie einmal üblich waren, darüber waltet nach der Entdeckung dieser beiden Inschriften kein Zweifel. Wir können daher jetzt das Fehlen des Artikels im Aethiopischen nicht mehr als ein Zeichen der Alterthümlichkeit dieser Sprache ansehen; er war vorhanden wie im Sabäischen und ist verloren gegangen. Das Gleiche ist mit der Mimation und vielen anderen Dingen der Fall, die im Sabäischen sich noch finden, dem Aethiopischen aber abhanden gekommen sind.

Aus diesen Erörterungen, die hier über die Entwicklung der Schrift, die lautlichen Verhältnisse und die Formenbildung geführt worden sind, dürfen wir mit Sicherheit den Schluss ziehen, dass das Aethiopische aus dem Sabäischen hervorgegangen, also eine Tochter- und nicht etwa eine Schwestersprache desselben ist, auf fremdem Boden jedoch und unter fremdsprachigen Einflüssen sich vielfach verändert hat. Diese Einflüsse wirkten fort und sie haben auch das Aethiopische in das Amharische verwandelt, einen Dialect, der seiner Syntax nach nicht mehr dem Semitischen, sondern dem Chamitischen angehört.

Unter der Regierung des Ezanâ oder schon in den letzten Lebensjahren seines Vaters, Ela-'Amîdâ, fand in Aksum wahrscheinlich durch einen griechisch gebildeten christlichen Missionär die Reform der äthiopischen Schrift und Sprache statt. Man schrieb bis zu dieser Zeit wie die anderen semitischen Völker (mit Ausnahme der Babylonier und Assyrer) linksläufig; nach dem Muster des Griechischen führte man die rechtsläufige Schreibung ein.

Die Schrift der alten Denkmäler von Aksum ist eine reine Consonantenschrift, selbst Längen sind nur in vereinzelten Fällen durch *w* und *y* bezeichnet. Die Reform bestand nun hauptsächlich darin, die Vocalbezeichnung möglichst genau zum Ausdrucke zu bringen. Es ist äusserst seltsam, dass man nicht den Versuch gemacht hat wie im Griechischen Vocalbuchstaben einzuführen und vielmehr zu einem Sylbensystem oder, besser gesagt, zu einem System der inhärirenden Vocale seine Zuflucht genommen hat. Es scheint aber, dass trotz allen griechischen Einflusses der scharfe Unterschied, der im Bewusstsein der semitischen Sprachen zwischen den Consonanten als den festen Bestandtheilen der Wurzeln und den Vocalen als den flüssigen und formenbildenden Elementen besteht, nicht aufgehoben werden konnte. Eine Gleichstellung von Consonanten und Vocalen ist daher in keiner semitischen Sprache versucht worden. Das Aethiopische schlug nur insofern einen andern Weg ein als das Arabische und Hebräische, wo die Vocale einer fliegenden Colonne gleichen, die bald oben, bald unten oder in der Mitte der festen Consonantentruppe sich anschliessen, dass es die Vocale, welche durch Striche, Haken und Ringe bezeichnet werden, eng mit den Consonanten verbunden hat. Die Vocalzeichen haben im Aethiopischen kein selbstständiges Dasein, das ihnen ermöglichte, mit jedem Consonanten eine Verbindung einzugehen, sie sind vielmehr aufs Engste mit den Consonanten vereinigt und können nur in ihnen und durch sie zum Ausdrucke gelangen. Das äthiopische Schriftsystem liegt in der Mitte zwischen einer Vocal- und Sylbenschrift. Möglicher Weise hat irgend eine alte Sylbenschrift eines chamito-abessinischen Volkes dazu die Anregung gegeben, wir sind aber vorderhand nicht im Stande, eine derartige Schrift in jenen Ländern nachzuweisen.

Es ist schon oben angedeutet worden, dass der Reformator der Schrift nicht das in den vorliegenden Inschriften von Aksum gebrauchte Alphabet der einen Schrift zu Grunde gelegt hat, sondern ein älteres sabäisches Alphabet. Die Thatsache steht fest, sie geht aus einer Vergleichung folgender Buchstabenformen

	Aksum	Alt-Sab.	Geez-Inschr.	Aeth.
m	𐩣	𐩣	መ	መ
w	𐩥	𐩥	ወ	ወ
b	𐩨	𐩨	በ	በ
ś	𐩦	𐩦	ሠ	ሠ etc.

mit voller Sicherheit hervor und ist auch gar nicht auffallend. Bei einer solchen Reform der Schrift werden in der Regel ältere Muster und kalligraphische Vorlagen herangezogen, welche wohl auf den öffentlichen Plätzen und in den Archiven von Aksum existirt haben. Es ist selbstverständlich, dass der Reformator die Zeichen, welche keine adäquaten Laute in der Sprache mehr hatten, aussondern musste.

Um an die Consonanten die Striche, Häkchen und Ringe, welche die Vocale andeuten, anbringen zu können, hat der Reformator die Form oder die Stellung der Buchstaben (vgl. sab. 𐩣, äth. መ und sab. 𐩮 neben ጸ) leicht verändert. Die etwas verwickelte Art, wie er die Vocale zum Ausdruck brachte, hat Dillmann[1] in mustergiltiger Weise bereits beschrieben, nur in Bezug auf die Bezeichnung des *ĕ* oder der Vocallosigkeit, stellt sich die Sache nach den genauen Copien der Rüppell'schen Inschriften ein wenig anders, und hierin allein ist auch eine Entwicklung in der spätern Schrift gegenüber den Geez-Inschriften zu beobachten. Es muss nämlich constatirt werden, dass das *ĕ* in den Buchstaben ሕ, ቅ, ት auf

[1] Grammatik der äthiopischen Sprache, S. 20 ff.

den Geez-Inschriften nicht durch Häkchen, sondern durch Biegung des oberen Schaftes ausgedrückt wird, ferner zeigen die Buchstaben ን, ት, እ auf den Geez-Inschriften noch deutlich den angesetzten Querstrich, und endlich ist der Strich auf dem ዕ nicht senkrecht, sondern nach links gebogen. Ursprünglich scheint also ein Querstrich bestimmt worden zu sein, das ĕ zu bezeichnen. Dieser Querstrich findet sich in der That noch in እ, ን, ት und ዕ, wenn man die Formen auf den Inschriften beobachtet. Daraus erklärt sich die Brechung der geraden Linie, wo eine vorhanden war. Zu dieser Kategorie gehören nicht nur ሀ, ር, ኸ, ፕ, sondern auch ሑ, ቀ, ተ und wahrscheinlich auch ዝ und einige andere Zeichen, wo das Häkchen nur secundär ist.[1]

Die Reform der Schrift ist ein einheitliches Werk und wurde mit einem Male eingeführt, nicht stückweise. Die Annahme, dass in den Geez-Inschriften von Aksum das Vocalsystem nur theilweise und vielfach in anderer Art durchgeführt worden sei, mag ihre Berechtigung in den unzureichenden Copien gehabt haben, sie ist aber angesichts der authentischen Form der Inschriften nach den Abklatschen nicht aufrecht zu erhalten.[2]

Zum Schlusse sei noch bemerkt, dass abgesehen von der Rechtsläufigkeit auch die Herübernahme der griechischen Zahlzeichen als ein Beweis griechischen Einflusses bei der Reform der Schrift gelten kann.

Was die Sprache der Geez-Inschriften betrifft,[3] so zeigt sie die ausgeprägten Charaktere jenes Aethiopischen, welches wir aus der zweiten Blüteperiode der Sprache kennen. Wir sind gewöhnt, an den semitischen Sprachen einen grösseren Conservativismus als an den indogermanischen zu beobachten. Jahrhunderte gehen oft vorüber an einer auch örtlich stark verbreiteten semitischen Sprache, ohne wesentliche Aenderungen an der Bildung derselben hervorzubringen. Ueber die Ursachen dieser Erscheinung zu sprechen, ist hier nicht der Ort, die Erscheinung aber steht fest. Trotzdem muss es auffallen, dass das Aethiopische der beiden Geez-Inschriften in allem Wesentlichen dieselbe Prägung und Bildung hat, wie die aus späteren Jahrhunderten bekannte Sprache. Als Erklärung möge vielleicht der Umstand dienen, dass die alt-äthiopische Sprache selbst schon frühzeitig im Munde des Volkes ausgestorben und von jüngeren Dialecten verdrängt worden war; das Aethiopische aber führte als Gelehrten- und Kirchensprache ein klösterliches Dasein und konnte so die alten Formen und Bildungen bewahren.

Indessen hat der Wechsel, der an allem Bestehenden dauernd fortwirkt, auch in Abessinien nicht stille gestanden, und die Kräfte, welche die Umwandlung der sabäischen Sprache

[1] Vgl. die Schrifttafel. Dieselbe wurde nach meinen Vorlagen von Dr. Dedekind gezeichnet.

[2] In der That hat Herr Prof. Nöldeke vor vielen Jahren mir gegenüber die Vermuthung ausgesprochen, dass in den Geez-Inschriften das System der inhärirenden Vocale schon vollkommen durchgeführt sei, und dass nur die schlechten Copien es zu erkennen verhindert haben. Nicht minder fand eine andere Vermuthung Nöldeke's, dass in den Inschriften das bekannte Gesetz, wonach kurzes ă vor einem Hauchlaute zu â wird, noch keine Anwendung findet, ihre Bestätigung. Prof. Nöldeke hat mich auch durch Ueberlassung seiner Durchzeichnungen der Rüppell'schen Originalkopien zu Dank verpflichtet.

[3] In Bezug auf das Lexikographische ist das Wörterverzeichniss (oben S. 61 ff.) zu vergleichen. Ich halte es aber für angemessen hier einige Bemerkungen, die mir von meinem verehrten Collegen Prof. L. Reinisch zur Verfügung gestellt worden sind, mitzutheilen: ሑቀት fehlt zufällig im Geez, ist aber vorhanden im Tigre: ሑቋት, amhar. ሑቋ. In ganz Aethiopien ist heute die *ḥuqqat* allgemein im Gebrauch bei Männern, welche darin ihren Tabak verwahren. Zu ቃሬ ‚heidnische Priester' vgl. Bilin-Wörterbuch p. 359, s. v. *ḳârê*. Mit den ቢጋ ‚Boga' sind die *Bogatag* zusammenzustellen (vgl. Bilin-Wörterbuch, s. v. und Bilin-Grammatik p. 5, Note 2). Was die nubischen Nom. propria betrifft, so kann nur bemerkt werden, dass *-ka*, *-k*, *-ko*, *-k*, *-ke* häufige Ausgänge nubischer Orts- und Personennamen bilden, aber die Formen *Aza-k*, *Yeśê-k*, *Yesa-k* sind im heutigen Nuba nicht eruirbar. Endlich sind zum Gottesnamen ዐስተር zu vergleichen Tigre ዐስተር ‚Himmel' (im Mensa, Habab), አስተር (bei den Bedschuk), im Bilin *'Ádar* ‚Himmel.'

in das Aethiopische bewirkt hatten, arbeiteten langsam, aber rastlos weiter, veränderten die semitischen Bildungen und suchten sie den Sprachorganen der abessinisch-chamitischen Völker anzupassen. Die Veränderungen, welche das spätere Aethiopische gegenüber diesen Geez-Inschriften aufweist, will ich hier kurz besprechen. Dadurch wird die alte Sprache von Aksum zur Zeit dieser Denkmäler am besten charakterisirt:

1. Die kräftigen semitischen Wurzeln liessen sich zwar von den einsilbigen chamitischen nicht verdrängen, im Gegentheile, sie fanden in die abessinisch-chamitischen Dialecte Aufnahme und brachten die schwachen chamitischen Radices zum Weichen, aber sie konnten von dem Einflusse der chamitischen Sprachorgane nicht freibleiben, und so entwickelten sich die sonst in den semitischen Sprachen nicht vorkommenden *u*-haltigen Kehl- und Gaumenlaute. Von diesen *u*-haltigen Lauten zeigen unsere Inschriften keine Spur, und es drängt sich die Anschauung auf, dass sie zur Zeit der Einführung der Vocalschrift noch nicht ausgebildet waren und erst im Laufe der Zeit zum Bewusstsein der Sprache gekommen und schriftlichen Ausdruck heischten.

2. In weiterer Entwicklung des äthiopischen Alphabets wurden zwei Zeichen für *p*-Laute angefügt, die nur in Fremdwörtern zur Anwendung kommen. Auch diese Zeichen fehlen in den Inschriften von Aksum.

3. Die Berührung mit den abessinisch-chamitischen Sprachen scheint ganz besonders den Zischlauten verderblich gewesen zu sein, denn nicht weniger als vier Zeichen für Zischlaute sind in dem neuen Alphabete über Bord geworfen worden. Und in der That übten die verderblichen Einflüsse ihre schädigende Wirkung auch auf die noch vorhandenen Zischlaute, so dass die Laute ሰ und ሠ einer- und ጸ und ፀ andererseits in der späteren Sprache mit einander verwechselt werden. In diesen alten Inschriften sind die Zeichen, und also auch die Laute mit einer einzigen Ausnahme (ተንሢኦ II, 11), auseinander gehalten. Demnach sind also Lesungen wie ሰጸር für ሰፀር (II, 4) und ዘይጸርሩ von einer Radix ፀረ (II, 50) von vorneherein ausgeschlossen. Es ist auch ganz natürlich, dass die Radix ፀብአ, die im späteren Aethiopischen (nach Dillmann's Citaten im Lexikon zu schliessen) fast durchwegs zu ጸብአ geworden ist, hier viermal (I, 6. 8. II, 7. 10) mit dem ursprünglichen ፀ erscheint.

4. Auch die beiden alten *h*-Laute (ሐ und ኀ) werden streng von einander geschieden, während in späteren Texten Verwechslungen nicht selten vorkommen. Dass ኀ von dem chamitischen Sprachorgane schwer hervorgebracht werden kann, beweist am besten die Wiedergabe des semitischen ኀ in den chamito-abessinischen Sprachen durch *k*.[1]

5. In dem späteren Aethiopischen haben die Hauchlaute verschiedenfache Einflüsse auf die Vocale geübt. Dazu gehört in erster Reihe das Gesetz, wonach ein Hauchlaut einen ihm in derselben Silbe vorangehenden kurzen Vocal dehnen kann, indem er einen Theil seines Wesens an den Vocal abgibt, sich selbst aber dadurch schwächt. Von den 29 Fällen dieser Art, welche in den Geez-Inschriften vorkommen, sind nur zwei oder drei zu verzeichnen, die nach diesem Gesetze behandelt werden, sonst behält der Hauchlaut seinen consonantischen Charakter und verlängert den vorangehenden Vocal nicht.

Beispiele: ሰሐአ (nicht ሳሐአ) I, 3. II, 3; ለሀመ (nicht ላሀሙ) I, 21. 30. II, 43; ከዐበ (nicht ካዐበ) II, 10; ደኅን (nicht ዳኅን) I, 21. II, 37, möglicher Weise ist jedoch II, 32 ዳኅን zu lesen; መሕርም (nicht ማሕርም) I, 5. 29; መዐዶት (nicht ማዐዶት) II, 15; መኅበርት (nicht ማኅበርት) II, 29.

[1] Vgl. Zeitschrift d. Deutsch. Morg. Gesellschaft 1892, S. 406.

39; አርብዕቱ (nicht አርባዕቱ) I, 15. II, 24; መሀረክሙ (nicht ማሀረክሙ) II, 38; ወበእኩ (nicht ወባእኩ) II, 7; ወበእክዮሙ (nicht ወባእክዮሙ) II, 14; ወበእናሁ (nicht ወባእናሁ) I, 8; በጻሕኩ (nicht ባጻሕኩ) II, 28. 29; ተንሥእኩ (nicht ተንሣእኩ) II, 14; አመሐዕንዮ (nicht አማሐዕንዮ) I, 25; አመሐዕን (nicht አማሐዕን); ይትመዐእ I, 15, daneben jedoch — und dies sind die einzigen sicheren Ausnahmen — ይትመቀእ II, 4 und sogar ይትመቅ (mit vollständiger Elision des Hauchlautes) II, 6.[1] Als Gegenstück dazu findet sich aber ይመእ II, 47, wo die Schreibung ይማእ schon so alt und eingewurzelt ist, dass man auch im Plur. ይማኡ etc. sagt.

6. Wo ein Hauchlaut einen anderen Vocal als *ă*, *â* hat, wird *a* in einer ihm unmittelbar vorangehenden Silbe zu *ĕ* getrübt. In den wenigen Fällen dieser Art, welche in unseren Inschriften sich finden, tritt die Trübung nicht ein.

Beispiele: ለሊክየሬ (nicht ላሊክየሬ) II, 13; አመዒ (nicht አመዒ) II, 18 und wahrscheinlich auch [ረ]ሐቀሙ (für ርሐቀሙ) II, 15/6.

7. Wurzeln mit Hauchlauten als dritten Radical lassen in allen Bildungen, wo ihr zweiter Radical in offener Silbe mit *ă* lauten sollte, dieses *ă* in *ĕ* übergehen. In den zwei vorkommenden Fällen አርጸሐኒ (nicht አርጻሐኒ) II, 45 und ፈለሐ (nicht ፈላሐ) II, 30 tritt diese Veränderung nicht ein.

Mehr noch als in der Laut- und Formenbildung scheint das Aethiopische, wie es die Natur der Sache fordert, in syntaktischer Beziehung von den abessinisch-chamitischen Sprachen afficirt worden zu sein. Wenn man die Syntax des Amharischen betrachtet, wo jeder semitische Sprachgebrauch geradezu auf den Kopf gestellt ist, wird man sich sagen müssen, dass dieser Umwandlungsprocess schon sehr früh begonnen hat, und dass die chamitischen Elemente bereits in alter Zeit zersetzend und umgestaltend wirken mussten. Die chamitischen Abessinier eigneten sich wohl die Sprache der eindringenden Sabäer mit ihrer überlegenen Cultur bald an; die compacten semitischen Wurzeln verdrängten vielfach die alten chamitischen Stämme: aber ihre Denkweise änderte die chamitische Bevölkerung nicht leicht. Freilich ist im Aethiopischen noch die semitische Syntax vorherrschend, aber Spuren dieser fremden Einflüsse lassen sich schon in der alten Sprache nachweisen, und eine ganze Reihe Veränderungen und Abbröcklungen in der Formenbildung lässt sich lediglich durch syntaktische Einwirkungen erklären.

Dass im Altäthiopischen noch Artikel und Mimation vorhanden waren, steht jetzt durch die beiden ältesten Denkmäler von Aksum fest. Die Abwerfung beider kann nur durch den Einfluss der abessinisch-chamitischen Dialecte erfolgt sein, die weder Artikel noch auch Zeichen der Unbestimmtheit kennen und wie das Aethiopische nur Demonstrativa anwenden. Der Verlust des Duals, von dem noch Spuren vorhanden sind, des Deminutivs, welcher im Sabäischen und Nordarabischen existirt, des Elativs, erklärt sich lediglich durch das Fehlen dieser Bildungen im Chamito-Abessinischen. Das Gleiche ist der Fall in Bezug auf Numerus und Genus, welche im Aethiopischen bei weitem nicht so streng beobachtet werden als in den anderen semitischen Sprachen. Auch der Gebrauch des thatwörtlichen Infinitivs, sowie der Ansatz von Enclitica geht, wie ich an anderem Orte gezeigt, auf chamito-abessinische Einwirkungen zurück.[2] Eine Specialuntersuchung dürfte in dieser Hinsicht weitere sichere Beweise zu Tage fördern.

[1] Jetzt möchte ich auch noch ናሕሰ (II, 19. 20) anführen.
[2] Vgl. Kuhn's Literatur-Blatt Bd. I, S. 484 ff.

Anhang.

Ueber die von J. H. Mordtmann (Himjarische Inschriften und Alterthümer S. 12 ff.) publicirten Inschriften: Glaser 828 + 829, 830 und 870 + 872.

Von der merkwürdigen Inschrift von Riyâm, in welcher von einem Bündnisse mit Gadarat, dem Könige der Ḥabašat, die Rede ist, und von welcher drei verschiedene Exemplare gefunden worden sind, hat der Entdecker selbst einen Theil in arabischer Umschrift und deutscher Uebersetzung (Skizze I, S. 88) mitgetheilt. Nun liegt der äusserst interessante Text mit den verschiedenen Varianten, soweit er erhalten ist, vollkommen vor. In textlicher Beziehung lässt die Publication, soweit ich dies controliren kann, nichts zu wünschen übrig. Einige kleine Versehen in der hebräischen Umschrift möchte ich dem Herausgeber nicht so schwer anrechnen, wie er mir ähnliche Dinge angerechnet hat. Auch die grammatische und lexikalische Analyse zeigt von grosser Sachkenntniss und vollkommener Beherrschung des Stoffes, wie man es von Mordtmann nicht anders erwarten kann. Dagegen bin ich mit seiner Auffassung des Gesammtinhaltes der Inschrift ebenso wenig einverstanden wie mit der des Herrn Glaser. Während Herr Glaser mit lebhafter Fantasie in die Inschrift zu viel hineinträgt, liest Herr Mordtmann, der ein ruhiger, nüchterner Forscher ist, zu wenig heraus. Die Frage nach dem Zweck der Inschrift wird verschieden beantwortet. Glaser nimmt an, dass die Inschrift vor Allem dazu bestimmt war, die Bündnisse zur Kenntniss des Landes, bezw. der vertragschliessenden Völker zu bringen, und darum in mehreren Exemplaren an verschiedenen Orten aufgestellt worden war. Die Bündnisse, von denen das eine nach Glaser zwischen dem König von Saba', dem König von Ḥabašat, einem Könige Salḥân (in der Gegend von Ṣa'dah) und einem Könige Zurarân (im Gebiete der Chaulân), das andere zwischen dem König von Saba' und dem König von Ḥadramaut geschlossen worden sind, richteten ihre Spitze gegen die Ḥimjaren und Raidâniten. Herr Dr. Mordtmann fasst die Inschrift nicht als eine Staatsurkunde, sondern nur als eine private Stiftungsurkunde auf. Die drei ersten Namen, aus denen Glaser die drei Könige der Quadrupelallianz herausgelesen hat, bezeichnen nach Mordtmann's Auffassung die Stifter der Inschrift, welche in ihrer Eigenschaft als Fürsten von Hamdân zwar Vasallen des Königs von Saba' waren und von ihren Herren den Königen von Saba' reden, thatsächlich aber unabhängig und den Königen ebenbürtig waren, so dass sie auch Staatsverträge mit fremden Souveränen schliessen konnten. Was am Anfange und gegen Schluss der Inschrift gesagt wird, gesteht Herr Mordtmann ein trotz der gründlichen Sach- und Wortanalyse nicht zu wissen.

In der That ist keinem der beiden Interpreten das Verständniss der Inschrift aufgegangen. Die Inschrift ist nicht eine öffentliche Proclamation, wie Herr Glaser meint (derlei Acte kennt die sabäische Epigraphik vorderhand nicht), sondern eine wirkliche Stiftungsurkunde, wie Mordtmann richtig erkannt hat. Der Stifter dieses Denkmales ist aber nicht ein Hamdânfürst, sondern der leibhaftige König von Saba'.

Die Gründe, die mich bestimmen, den König 'Alhân von Saba' als den Stifter der Inschrift anzusehen, sind folgende:

1. Es ist Z. 8—9 die Rede von einer Waffenverbrüderung und einem Vertragsschluss zwischen dem Stifter der Inschrift und Gadarat dem König der Ḥabašat. Ein Vertragsschluss setzt eine gewisse Ebenbürtigkeit zwischen den Contrahenten voraus, und diese Ebenbürtigkeit bestand zwischen den Fürsten von Hamdân, den Vasallen der Könige von

Saba', und dem Könige der Ḥabašat nicht, und zwar nicht einmal vorübergehend, da ja in derselben Inschrift von ‚ihrem Herrn dem Könige von Saba'' die Rede ist.

2. Dann heisst es (Z. 13—14), ‚weil perfect geworden ist ihre Verbrüderung mit dem Könige der Ḥabašat, wie perfect geworden war ihre Verbrüderung mit Jada'ab Ghailân, König von Ḥadramaut, vor dieser Stiftung'. Wenn man auch annehmen wollte, dass ein Fürst von Hamdân vorübergehend eine solche Macht besass Staatsverträge abzuschliessen, so widerspricht diese Annahme der Thatsache, dass derselbe Contrahent auch früher einen ähnlichen Vertrag mit dem König von Ḥadramaut geschlossen hat. Wir können aber, und zwar ebenfalls in Widerspruch zu Mordtmann's Auffassung, aus Gl. 138 beweisen, dass der Contrahent im Vertrage mit Ḥadramaut der König von Saba' war. Die Stelle lautet:

[illegible] (2)
[illegible] (3) [illegible]
[illegible] (4) [illegible]

‚(2) .... sie belagerten die Ḥimjaren in der Festung Ḏât-'Arimân, als sie aus dem Lande Ḥimjar kamen, und zum Lobe dafür, dass heim[kehrten unversehrt ihre (3) ....] und die .... seines Bruders Jada'ab Ghailân, Königs von Ḥadramaut, und ihre beiden Heere, das Heer des Königs von Saba' und das (4) Heer [des Königs von Ḥadramaut]'

In dieser Conföderation gegen die Ḥimjaren steht augenscheinlich auf der einen Seite, und zwar zuerst genannt, der König von Saba', auf der anderen sein Bruder (d. h. Verbündeter) der König von Ḥadramaut. War aber der Contrahent im Vertrage mit Ḥadramaut der König von Saba', so kann auch der Stifter des Bündnisses mit dem Könige der Ḥabašat kein anderer als der Sabäerkönig gewesen sein.

3. Der Zusatz ‚vor dieser Stiftung' (Z. 14) an der Stelle, wo die Rede ist vom Vertrage mit dem Könige von Ḥadramaut, ist nicht ohne Bedeutung. Verträge werden bekanntlich für ewige Zeiten geschlossen, aber die Ewigkeit dauert in der Regel so lange, als sie dem mächtigeren der Contrahenten passt. Wir finden 'Alhân König von Saba' im Kampfe mit den Ḥimjaren und als sein Verbündeter erscheint der König von Ḥadramaut. Die Verhältnisse müssen sich in kurzer Zeit sehr geändert haben, denn in Gl. 825 wird Shâ'ir^m Autar, der Sohn des 'Alhân Nahfân ‚König von Saba' und Raidân' genannt, und als sein Aufgebot erscheinen die beiden Heere von Saba' und Ḥimjar, und der Krieg wird dieses Mal mit dem Könige Eleaz von Ḥadramaut, offenbar einem Nachfolger des früheren Verbündeten Jada'ab Ghailân, geführt. Aus dem ganzen Zusammenhange der Dinge geht aber hervor, dass, sowie in Gl. 825 der Sabäerkönig den Krieg gegen Ḥadramaut führte, auch der Sabäerkönig es war, der die Bündnisse geschlossen und die Inschriften gestiftet hat, welche diese Bündnisse kund thun und verewigen sollten.

4. Wenn die Inschrift wirklich von einem Hamdânfürsten herrühren würde, dürfte die stereotype Bitte um Gewährung der Gunst der Fürsten oder des Königs von Saba' nicht fehlen. Mordtmann hat dies wohl bemerkt, aber daraus den falschen Schluss gezogen, dass es sich um einen unabhängigen Hamdânfürsten handelt, während es doch das einzig richtige gewesen wäre zu erkennen, dass der Stifter der Inschrift der König von Saba' sei, der in seiner hohen Stellung selbstverständlich um die Gunst der Fürsten oder die Gnade der Könige nicht bitten konnte.

5. Ganz im Widerspruche zu Mordtmann's Annahme von der Unabhängigkeit des Hamdânfürsten, des vermeintlichen Stifters der Inschrift, ist der Schluss derselben, wo nach

Mordtmann eine neue Episode erzählt wird: ‚ein Krieg oder Aufstand gegen die Könige von Saba', an welchem Schabat bin 'Alijjân, der Stamm Ḏu-Raidân und die Verfasser der Inschrift theilnahmen, und welcher durch einen Frieden mit dem Könige beendet ward.' Wörtlich aber heisst es dort: ‚Hernach aber gaben sie ihrem Herrn 'Alhân, Könige von Saba', Unterpfand, unterwarfen sich und schickten zwei Jünglinge . . . und sie schlossen Frieden und gehorchten folgsam.' Glaubt jemand wirklich, dass in einer Prunkinschrift eines Hamdânfürsten, wo er seine Bündnisse mit Königen verkündet, eine so demüthigende Thatsache platzgreifen kann?

6. In der Inschrift steht Z. 21 ‚ihrem Fürsten 'Alhân König von Saba', ebenso steht Z. 12 'Alhân vor Gadarat ohne jeden Zusatz; es ist aber zweifellos 'Alhân Nahfân gemeint, der Vater des Schâ'ir Autar. Die unehrerbietige Weglassung des ehrenden Beinamen Nahfân (Staunenerregend?) ist in einer Inschrift des Königs selbst erklärlich und begreiflich. Wir haben dafür auch eine sehr gute Analogie in Gl. 865 (Mordtmann's Himjarische Inschriften und Alterthümer 26), wo der Stifter 'Alhân Nahfân zuerst mit vollem Titel genannt, dann aber in Z. 4 einfach als ‚sein (des Gottes) Diener 'Alhân' angeführt wird. Dagegen wäre es ein Verstoss gegen die höfische Sitte gewesen, wenn irgend ein Vasall den König ohne den ehrenden Beinamen genannt hätte. Hierfür bietet Gl. 825 (Mordtmann a. a. O., S. 5) ein lehrreiches Exempel. Diese von einem Hamdânfürsten gesetzte Inschrift gedenkt wiederholt des Königs von Saba', an erster Stelle (Z. 1—2) pleno titulo: ‚Šâ'ir Autar, König von Saba' und Raidân, Sohn des 'Alhân Nahfân, Königs von Saba', an allen weiteren Stellen (Z. 6, 13, 17, 20 f, 25) wird von ‚ihrem Herrn Šâ'ir Autar' geredet. Wie wir also sehen, lässt der fürstliche Stifter niemals den Ehrenbeinamen des Königs weg.

7. Das Schwergewicht der ganzen Frage liegt in den Worten (Z. 11—12): ‚Und dass in Wahrheit und Treue sich verbrüdern mögen Salḥîn, Zararân, 'Alhân und Gadarat.' Dass Gadarat nur der früher erwähnte König von Ḥabašat sein kann, stimmen Glaser und Mordtmann überein, und ich kann mich diesem Consensus anschliessen. In Bezug auf die übrigen Namen gehen die beiden Interpreten auseinander. Nach der Ansicht Mordtmann's sollen es die Namen der Stifter der Inschriften sein, während sie nach Glaser drei Könige bezeichnen, welche mit Gadarat die Quadrupelallianz gebildet hatten. In 'Alhân erkennt Glaser mit Recht den König von Saba', der auch weiter unten erwähnt wird. Die Gründe, weshalb dies Herrn Mordtmann bedenklich erscheint, kann ich nicht widerlegen, so lange er sie nicht angibt. Das Fehlen des Titels an dieser Stelle ist so wenig auffällig wie beim König von Ḥabašat, der früher schon mit Titel genannt worden war, denn da 'Alhân der Stifter der Inschrift ist, so muss er ebenfalls oben pleno titulo genannt worden sein. Vor dem Könige der Ḥabašat konnte übrigens passender Weise nur der Sabäerkönig und nicht ein untergeordneter Hamdânfürst angeführt werden. Geben wir aber zu, dass unter 'Alhân und Gadarat die Könige von Saba' und Ḥabašat gemeint seien, so müssen die vorangehenden Namen auch Ebenbürtiges bezeichnen, und so kam Glaser zu dem Schlusse, dass es ebenfalls Könige sein müssen. Um deren Reiche ist Glaser nicht verlegen — wenn er keine entdeckt, erfindet er welche.

Wenn aber Salḥîn und Zararân nicht Könige sind, was bedeuten sie sonst? Denn, dass hier ganz unbekannte Persönlichkeiten vor den beiden königlichen Contrahenten genannt werden könnten, muss man für ausgeschlossen halten. Die Sache liegt aber sehr einfach, wenn man nicht mit Gewalt sich der Wahrheit verschliessen will und daran erinnert, dass

Salḥîn der Name des königlichen Schlosses und Hauses bei Ma'rib war, also der Stammsitz der sabäischen Könige. Von der Burg Salḥîn wissen die arabischen Geographen und Historiker zu erzählen; Hamdâni nennt sie als den Sommeraufenthalt der sabäischen Könige, so oft sie in Ma'rib residiren. Nach einer Inschrift des Ḥaram-Bilḳîs errichtet Karibaël Watar Juhan'im eine Stiftung ‚zum Heile der Burg Salḥîn und der Stadt Maryab'. Wie die alten Schlössernamen die Häuser unserer regierenden Dynastien und des Feudaladels bezeichnen, so war dies auch bei den Sabäern und Ḥimjaren der Fall. Unter Salḥîn in unserer Inschrift kann also nichts anderes verstanden werden, als das königliche Haus, welches sehr wohl vor dem Namen des Königs in einer öffentlichen Urkunde angeführt werden kann, wie ja auch Salḥîn in der erwähnten Inschrift vor Marjab genannt wird. Die Sache ist so klar, dass sie von denjenigen, welche die Wahrheit suchen und keine Fantasieschlösser bauen wollen, nicht bezweifelt werden kann. Wir haben aber einen directen Beweis für diese Auffassung in dem Titel der Könige von Aksum, welche das Sabäerreich erobert und sich deswegen ‚König von Saba' und von Salḥîn' genannt hatten, woraus mit Sicherheit geschlossen werden darf, dass mit diesem altehrwürdigen Namen das Hoheitsrecht der sabäischen Könige verbunden war. Nachdem nun in dieser viergliedrigen Gleichung drei Glieder bekannt sind, so lässt sich das vierte nach dem algebraischen Gesetze der Proportion aufs Einfachste bestimmen. *Salḥîn : Zararân = 'Alhân : Gadarat*, d. h. mit anderen Worten: Zararân ist der Stammsitz und Familienname der Könige von Ḥabašat.

Aus diesen Erörterungen glaube ich mit Sicherheit schliessen zu dürfen, dass der König 'Alhân von Saba' der Stifter dieser Inschrift und der Begründer der verschiedenen Allianzen gewesen ist. Dieser 'Alhân ist gewiss identisch mit 'Alhân Nahfân, der, wie schon Mordtmann bemerkt hat, früher Hamdânfürst und später auf den Thron der Sabäerkönige gekommen war.[1] Nahfân ist nämlich gewiss nur ein ehrender Beiname, den sich der Hamdânide, noch bevor er auf den Thron der Sabäerkönige gelangte, erworben hatte. Solche Beinamen pflegten wohl vom Könige von Saba' verliehen zu werden.[2]

Obgleich aber der Hamdânfürst, der auf den Thron von Saba' gelangt war, sich vollständig als dem sabäischen Königshause Salḥîn angehörig betrachtet hat, so scheint er dennoch nicht vergessen zu haben, dass er von Hamdân und Bata' abstammt. Nicht in Ma'rib und dem Gotte Almaḳah widmet er die Inschrift gelegentlich eines so wichtigen Ereignisses, wie des Bündnisses mit dem Könige der Ḥabašat, sondern in Riyâm machte er die grosse Stiftung der Localgottheit seines heimatlichen Districtes, dem Ta'lab. Die Stiftung bestand in einer Widmung von Ländereien mit den dazu gehörigen Bewässerungscanälen etc., einer

[1] Ob er auch identisch sei mit 'Alhân, dem Bruder des Barag Jarḥib, wie Mordtmann meint, scheint mir zweifelhaft. Auf die Notiz im Commentar der himj. Ḳaṣîdah (bei Mordtmann S. 27) lege ich wenig Gewicht. Dagegen glaube ich, dass allerdings 'Alhân Nahfân bloss König von Saba', während sein Sohn Ša'ir Autar auch von den Ḥimjaren als König anerkannt war. Letzterem leisten beide Völker Gehorsam, während ersterer gegen die Ḥimjaren kämpft. 'Alhân Nahfân muss aber nicht Usurpator gewesen sein, sondern ist wahrscheinlich durch Heirat auf den sabäischen Thron gekommen, wie ja die Sage den ذو بتع zum Gemahl der Bilḳîs macht.

[2] Für die Erwerbung solcher Ehrentitel ist wiederum Gl. 825 sehr instructiv. Der Stifter dieser Inschrift ist Sa'd^{m} von der Familie Obadab^{m}. Derselbe Mann nennt sich aber an zwei Stellen (Z. 10 und 15) Sa'd^{m} Aḥras, während er z. B. Z. 6 und 22 den Beinamen Aḥras weglässt. Woher Sa'd^{m} zu diesem Beinamen kommt, erfahren wir aus der Inschrift. Es wird darin erzählt, dass ihn der König von Saba' während seines Feldzuges gegen König Eleaz von Ḥadramaut mit der Bewachung (النظر) des Reiches betraute und dass Sa'd^{m} auf seinem Posten als Reichswächter sich auch bewährt und die feindlichen Einfälle zurückgewiesen hat. Wenn wir nun die Aufgabe hätten, für diesen Sa'd^{m} einen Ehrennamen zu erfinden, so müssten wir ihn den ‚Wachsamen' nennen, denn er hatte seine Aufgabe, das Land zu bewachen, voll und ganz erfüllt. In der That heisst er 𐩱𐩢𐩧𐩪 (أحرس Elativ der Wurzel حرس ‚bewachen'). Mordtmann bemerkt in seinem Commentar nichts über dieses Wort.

Art heiligen Gebietes *Ḥima*, welches durch eine Mauer mit Säulen und Pfeilern mindestens nach einer Seite hin abgegrenzt war. An diesen verschiedenen Säulen und Pfeilern war die Inschrift in verschiedenen Exemplaren längerer und kürzerer Fassung angebracht, und dieser Umstand erklärt, warum mehrere Copien von dieser Inschrift aufgestellt wurden, von denen drei bis auf unsere Zeit gekommen sind.

Wenn aber der König von Saba' der Stifter der Inschrift ist, so kann natürlich am Schlusse derselben nicht die Rede sein von einem Kriege, zwischen dem Stifter des Denkmals und dem König von Saba', wie Mordtmann meint. Die Stelle muss ganz anders gedeutet werden.

Ich lasse hier nun den Text von Glaser 830 nach der von Glaser und Mordtmann mit Hülfe von 828 + 829 gemachten Publication folgen und gebe dann den Text von 870 + 872 mit verschiedenen Ergänzungen nach den anderen Exemplaren. Die Herstellung der zweiten Recension ist nicht schwer, hätte aber von Mordtmann nicht unterlassen werden sollen, weil es interessant ist zu beobachten, wie die ausführlichere Recension hier theils abgekürzt theils erweitert worden ist. Es folgt dann eine Uebersetzung der längern Fassung und ein kurzer Commentar, worin die Abweichungen von Mordtmann begründet werden.

Glaser 830.

1 [illegible] 1
2 [illegible] 2
3 [illegible] 3
4 [illegible] 4
5 [illegible] 5
6 [illegible] 6
7 [illegible] 7
8 [illegible] 8
9 [illegible] 9
10 [illegible] 10
11 [illegible] 11
12 [illegible] 12
13 [illegible] 13
14 [illegible] 14
15 [illegible] 15
16 [illegible] 16
17 [illegible] 17
18 [illegible] 18
19 [illegible] 19

[1] Mordtmann [illegible].

[illegible]
[illegible]
[illegible]
[illegible]

Glaser 870 und 872.

[illegible]
[illegible]
[illegible]
[illegible]
[illegible]
[illegible]
[illegible]
. . . . [illegible]
. . . .
. . . .
[illegible] . . . .
[illegible]
[illegible]
[illegible]
[illegible]
[illegible]

Uebersetzung.

[.'Alhân Nahfân, Sohn des Hamdân, Sohn des Bata', König von Saba' . . . . weihten ihrem Patrone Ta'lab-Rijâm[3], dem Herrn von Tur'at] . . . .

1. . . . . ihre Stätten(?),

2. . . . . 100 S-r-w-r als ein [illegible] und allen Zubehör und alle Tränken und alle Um-

3. wallungen und Terrassen bis zu den Säulen und Pfeilern und alle Kanäle und Gemüsegärten bis zu den Säulen und alle

4. Leitungen der Tränken und Wasserbehälter bis [illegible] und alle Wälle von Ḳaihrân, welcher sie theilhaftig waren,

5. bis zum Stiftsgebiete, bis zur Stadt Loḳaṭ und diesem Districte, acht(?) S-r-w-r, und

6. allen Zubehör als eine Dankesleistung. Ferner die Bewässerung der Gemüsefelder und ihre Leitungen

7. und ihre gedeckten Behälter und ihre Umwallungen und das mittlere Gebiet des Districts

8. als Dankesleistung und zum Lobe dafür, dass Elle (*nobili*, arab. نبل) geschickt und Vertrag geschlossen hat mit ihm Gadarat, Kö-

[1] Mordtmann [illegible] (Druckfehler).
[2] Das [illegible] fehlt bei Mordtmann.
[3] [illegible] fehlt bei Mordtmann.

9. nig von Ḥabašat, um sich mit ihm zu verbrüdern. Und es ward perfect diese Verbrüderung zwischen

10. ihnen und Gadarat und dem Aufgebot der Ḥabašat, und sie verpflichteten sich gemeinsam Krieg

11. und Frieden zu halten gegen Jeden, der sich gegen sie erhebt[1], und dass sich wahr und treu ver-

12. brüdern Salḥin und Zararân und 'Alhân und Gadarat alle mit einander. Und sie dankten dafür, dass

13. perfect geworden ihre Verbrüderung mit dem König der Ḥabašat, wie perfect geworden war ihre Verbrüderung

14. mit Jada'ab Ghailân, König von Ḥadramaut, vor dieser Stiftung. Und zum Lo-

15. be dafür, dass unversehrt geblieben alle Fürsten und Heerführer, die sie zu einander (als *nobili*) geschickt hatten zu Wasser

16. und zu Lande, und alle Gaben und Geschenke, welche sie einander zusandten. Und zum Lobe dafür, dass sich dankbar

17. erwiesen haben 'Ami'anis b. Sinḥân und der Stamm Ḥaulân im Kriege, den sie unternahmen, und gehorsam aushielten an der Seite ihrer Für-

18. sten, der Könige von Saba', und dadurch, dass sie einen Vertrag schlossen mit Šabat b. 'Alijân gegen Raidân, dass er sie unter-

19. stütze im Kriege (der gerichtet war) gegen ihre Fürsten, die Könige von Saba'. Und sie zogen gegen [illegible] | [illegible], um sich

20. gegen sie zu vertheidigen in dem Kriege, den sie unternommen hatten, und sie vernichteten [illegible] | [illegible] und verwüsteten alle

21. ihre Fluren. Und nachher schickten sie (die Feinde) Geiseln[2] ihrem Herrn 'Alhân, König von Saba' und dirigirten zwei

22. Jünglinge, Ašmaš b. Rijâm und Ḥârith b. Jadûm.[3] Und es möge sie beglücken Ta'lab mit Wohl-

23. ergehen und reichlichem Besitz und möge brechen und niederwerfen ihre Feinde und Hasser.

Commentar.

In folgendem Commentar werde ich nur diejenigen Wörter und Stellen besprechen, in deren Auffassung ich von Mordtmann abweiche, in allem Uebrigen verweise ich auf das von Mordtmann Gesagte.

Die Ergänzung zu Anfang der Inschrift, welche den Namen des Stifters enthält, ist oben begründet worden. Der Wortlaut ist nach Gl. 865 (Mordtmann S. 26):

ꓶꓷ|•X|Π | ЧΠ | ЧꟿꓷY | ЧΠ | ЧOYЧ | ЧY[1•
|ꓷꓷ?>|Π]1ʜX| •ꓷYꓷ?3 | ?Ч?Y | ʜ|Πʎ|ɕ
|X•>X[|1•Π

hergestellt worden. Nur an einer Stelle weiche ich von Mordtmann ab, der am Ende der ersten Zeile 1ꓷ.....? | ЧΠ liest, während ich behaupte, dass an Stelle des zweifelhaften ? mit gleichem Rechte Π gelesen werden kann und das Fehlende zu •XΠ ergänze. Die Worte | •XΠ | ЧΠ | ЧꟿꓷY | ЧΠ würden also dasselbe besagen wie ЧꟿꓷY• | •XΠ | ЧΠ in CIH 2, 12. Es ist auch nicht wahrscheinlich, dass nach ЧꟿꓷY | ЧΠ der Name des Vaters des 'Alhân Nahfân gestanden hat, denn dieser hätte vor Angabe der Familienangehörigkeit stehen müssen.

In der Lücke, welche nun folgt, war das Object der Widmung angegeben. Es bestand unzweifelhaft aus einem Complex von Ländereien, deren Erträgnisse wohl zur Erhaltung

[1] Zusatz von 870 + 872 ‚als Feind' oder ‚in Feindschaft'.
[2] Zusatz von 870 + 872 ‚und demüthigten sich'.
[3] Zusatz von 870 + 872 ‚und sie schlossen Frieden und unterwarfen sich in Gehorsam'.

des Ta'lab-Tempels in Rijâm dienen sollten. Es ist natürlich, dass ein Hamdânfürst, der auf den Thron von Saba' gelangt war, in ausgiebiger Weise für den Cult seiner engern Heimat gesorgt hat.

Z. 3. [illegible] ist nicht Plural von [illegible] ‚Bild' (Mordtmann), sondern von der Wurzel [illegible] ‚befestigen' abzuleiten (mit Wechsel von ص und ط, der auch sonst vorkommt).

Zu [illegible] ist vielleicht Hal. 353, 3 [illegible] zu vergleichen, wo also [illegible] nur eine Verschreibung von [illegible] sein könnte. Vgl. jedoch Langer, Reisebericht 65, Note 3 (ZDMG. XXXVII, 383).

Zu [illegible] bemerkt Mordtmann: ‚Es sind zwei Plurale der Form [illegible] ‚die Himjaren', [illegible] ‚die Minäer' u. s. w.' und vergleicht auch sonst Eigen- und Ortsnamen. Meines Erachtens ist [illegible] Plural von [illegible] ‚Säule' (vgl. arab. عماد, عَمُود, عُمُدَّة, hebr.-aram. עמוד) und [illegible], Plural von [illegible] ‚Pfeiler' (arab. غَرْس ‚Zeltpfeiler, Zwischenwand'), eine Bedeutung, die auch Hal. 196, 6 zu passen scheint. Diese Säulen und Pfeiler waren wohl die Grenzbezeichnungen der dem Gotte geweihten Stiftung, welche wir arab. حِمَى ثَالَب benennen müssten.

Z. 4. [illegible] ‚Kanäle' (Z. 4) und [illegible] (Z. 6 und 7) stelle ich mit arab. سفح zusammen, welches ursprünglich die Bedeutung ‚fliessen, vergiessen' zu haben scheint.

Z. 7 bemerkt Mordtmann: ‚Statt צירחהי hat der Paralleltext Gl. 870 (Z. 1) תירחהי, offenbar ein Versehen des Steinmetzen.' Das Versehen ist auf Seite des Herausgebers, der am Ende der Zeile das [illegible] nicht erkannt hat. Es muss also [illegible] gelesen und demnach [illegible] von [illegible] vollkommen getrennt werden. Mit diesem [illegible] ist die Wurzel [illegible] zusammenzustellen, die bereits Langer, Reiseberichte 20 (ZDMG. XXXVII, 339) besprochen worden ist. Nach der dort gegebenen Erklärung bedeutet [illegible] ‚Erdarbeiten, Ausgrabungen' und entspricht dem [illegible] ‚Kanäle und gedeckte Wasserbehälter' der längern Recension.

In dem Worte [illegible] (Z. 6 und 8) erkenne ich ein Synonym von [illegible] von der Wurzel كرّ ‚zurückkehren' welches wie arab. ثواب (von ثاب) ‚Dank und Lohn' bedeutet.

Z. 10. [illegible] fehlt in der kürzern Recension (Z. 4).

Z. 11. Während [illegible] (Z. 8) eine freundschaftliche Beziehung ausdrückt, heisst hier [illegible] ‚gegen sie' in feindlicher Absicht. Die kürzere Version hat hier den sehr passenden Zusatz [illegible] ‚in Feindschaft', wie schon Mordtmann richtig bemerkt hat.

Z. 12. [illegible] hat Mordtmann dem Sinn und der syntaktischen Stellung nach nicht zu deuten gewusst, ich übersetze ‚Alle gegen (in Bezug auf) einander', was dem Sinn und der Construction nach vollkommen klar ist; [illegible] ist Plural von [illegible] und wird desswegen angewendet, weil es sich auf die vier genannten Contrahenten bezieht.

Z. 13. Von [illegible] bis [illegible] fehlt in der kürzern Recension.

Z. 16 beginnt ein neuer Abschnitt. Es handelt sich aber nicht um einen Krieg zwischen Ḥaulân und dem Könige von Saba', wie Mordtmann annimmt, sondern im Gegentheile haben Ami'anis und der Stamm Ḥaulân sich während eines Krieges, eingedenk einer alten Dankespflicht, sich auf die Seite der Könige von Saba' gestellt; sie haben auch einen Vertrag mit Schabat bin 'Alljân geschlossen gegen ([illegible] in feindlichem Sinne) Raidân, dass Schabat ihnen beistehe im Kriege (der geführt worden ist wohl von Seite der Raidân) gegen die Könige von Saba', sie bekriegten auch Ḏaibân-As'ábân, um sie abzuwehren vom Könige von Saba', und vernichteten endlich Ḏaibân-Ḥaḳlân. Die Folge davon war, dass sich der Feind dem Könige 'Alhân von Saba', dem Gründer der Inschrift, unterworfen hat. Im Einzelnen ist noch Folgendes zu bemerken:

●>ᕷ3X bedeutet ‚sich dankbar erweisen', was sachgemäss und auch in der Form begründet ist (تَشَكَّرَ).

Z. 17. ●ᖰX3Y übersetzt Mordtmann dem Zusammenhange gemäss ‚anfangen', was ich für zulässig halte. Nur zweifelnd möchte ich die Frage aufwerfen, ob es nicht mit شتا zusammenzustellen und ‚einen Winterfeldzug unternehmen' bedeuten kann? Das Wort ᖰX3 Sab. Denk. 31, 7, könnte ‚ein Winterhaus' bezeichnen. In diesem Falle würde dem arabischen tertiae *w* im Sabäischen ein Verbum tertiae Hamzae entsprechen.

ᖰ●ⅢX● ist natürlich = تطاعن Energeticus von تَطَاعَ ‚sich willfährig, gehorsam erweisen', wie Mordtmann noch nachträglich bemerkt hat.

Knapp vor Abschluss des Druckes erhielt ich ‚Die Altorientalischen Forschungen' von Hugo Winckler, wo auf S. 186 ff. Umschrift und Uebersetzung von Glaser 830 gegeben werden, die der Verfasser mit einigen Bemerkungen zu begründen sucht. Die Umschrift ist eine Copie von der Mordtmann's mit der falschen Lesung חסדם für חסדי: (Z. 12) und zwei Druckfehlern (Z. 3 und 20), die sich bei Mordtmann nicht finden. Originell ist die Weglassung des Trennungsstriches und die Nichtanwendung der Schlussform der Buchstaben ץ, ם, ן, ף, ך, was ein an hebräische Texte gewöhntes Auge geradezu verletzt. Der Nachahmung kann ich diese Neuerungen nicht empfehlen.

Alle Abweichungen in der Uebersetzung und Erklärung mit Ausnahme einer einzigen (נבל) sind unhaltbar und schlecht begründet:

Z. 1—7 handelt, wie Mordtmann richtig erkannt hat, ‚von Einrichtungen und Stiftungen, welche ländlichen Grundbesitz zum Gegenstande haben' und nicht von Bauten. Dass man sich Wörter wie نهر und بقلة als Theile einer Säule denken soll, wird kein Arabist vermuthen.

Z. 4 אהדר | מסקקן | ומשתרתן heisst ‚die Leitungen der Tränken und Wasserbehälter' (= المستقى والمشترع Mordtmann). Die beiden letzten Worte können nicht Participia sein, die ‚Verzierungen' näher beschreiben, weil man dann אהדרן | מסקיתן | משתרשתן: erwarten müsste.

Z. 8 נבל | ונבלתן, wird vom Schicken der Gesandten gesagt.' Von בלת glaube ich dies nicht, vielmehr scheint mir die Bedeutung ‚beeidigen', welche Mordtmann nach Kamus ابلته يمينا اذا حلّفه vorschlägt, umso ansprechender, als Gauhari das Wort ausdrücklich als ḥimjarisch bezeichnet. Dagegen scheint allerdings für נבל die Bedeutung ‚Gesandte schicken' oder besser: ‚*nobili* senden' besonders Z. 15 sehr gut zu passen.

Z. 12 כל | עברתהמי ‚[dies] die ganze Genossenschaft (assyr. *ibru* Freund, Genosse)'. Es verstösst gegen jede philologische Kritik, das Wort עברת hier in einem anderen Sinn zu fassen als das Wort בעבר, welches wiederholt in der Inschrift vorkommt. Die assyrische Etymologie ist unzulässig; denn assyr. *ibru* ‚Freund', *ibrûtu* ‚Freundschaft' sind doch nichts anderes als חבר und חברות (aram. חברא und חברותא). Von der assyrischen Depravation der Hauchlaute sind wir gottlob im Sabäischen verschont.

Z. 16. Wie יסרו ‚part. hiph.' sein soll, weiss ich nicht. (Oder liegt hier eine Verschreibung vor?). יסרו ist zweifellos Perfectum der II. Verbalform und mit hebr. ישר zusammenzustellen. Die Bedeutung ist ‚senden', eigentlich ‚dirigiren'.

Die weitere Phrase: ‚zum Danke dafür, dass sie zu Dank verpflichtet wurden' gibt trotz aller Tel-Amarna-Commentare keinen Sinn.

Z. 17. Wie התשרו hier und Z. 20 zur Bedeutung ‚angegriffen werden' (pass.) kommt, weiss ich nicht.

Z. 19. Der Gegensatz zwischen den Junkern und Bauern mag ja in Südarabien bestanden haben; an dieser Stelle ist davon sicher nicht die Rede.

Den Sinn der Inschrift hat Winckler nicht gefunden und das Verständniss derselben (abgesehen von der Vermuthung über das Wort נבל) nicht gefördert.

Schlussnote: Heute (Ostersonntag) erhalte ich aus Prag ‚Mittheilung Nr. I der Gesellschaft zur Förderung deutscher Wissenschaft, Kunst und Literatur in Böhmen' (Aus dem Berichte des Dr. Eduard Glaser über den Abschluss seiner mit Unterstützung der Gesellschaft unternommenen Forschungsreise in Arabien dd. Aden, 28. Februar 1894). Ich kann den Inhalt dieses Berichtes hier nur kurz andeuten. Der hochverdiente Forscher wusste sein Vorgehen den veränderten Verhältnissen im türkischen Yemen anzupassen und richtete eine Anzahl Araber ab, Inschriften abzuklatschen und zu sammeln. Das Resultat war ein glänzendes. Es sind wieder 800 neue Inschriften gefunden worden, die gewiss viel neues Licht über die Geschichte, die Geographie und die Sprachen Altarabiens verbreiten werden. Auch in geographischer Beziehung sind befriedigende Erfolge zu verzeichnen, und ich stimme hierin Herrn Glaser bei, dass seine Arbeiten, die diesmal auf Erkundigungen basiren, von nicht geringerem Werthe sind als die auf Autopsie beruhenden. Er kennt Arabien gut genug um auch auf diesem Wege wichtige Resultate zu erzielen. Von den kostbaren Original-Denkmälern, die Glaser mitbringt, sei hier nur das vollständige Exemplar der im ‚Anhange' besprochenen Vertragsstele erwähnt, ‚welche die Kunde gibt von einem Bündnisse zwischen den mit Namen genannten Königen von Saba, Hadramaut, Arabisch-Abessinien u. A. m.'. Die verschiedenen Versuche, die Inschrift zu deuten und zu ergänzen, sollen also durch das Original-Denkmal selbst entschieden werden. Ich beuge mich im Voraus vor diesem competenten Urtheile, habe aber das Bewusstsein, auf Grund des vorliegenden Materiales mit aller Vorsicht geurtheilt zu haben.

Erfreulich ist auch die Mittheilung Glaser's, dass in Hadramaut politische Verhältnisse herrschen, die einem Engländer die Bereisung und Erforschung des Landes ermöglichen. Hoffentlich gelingt es J. Th. Bent, der jetzt mit der ihm eigenthümlichen Energie Hadramaut bereist, glückliche Resultate zu erzielen.

Verbesserungen.

S. 4, Z. 2, lies Ἀπαλμῶ.
„ Z. 16, „ ἐγώ.
„ Z. 28, „ παραθήκην.

Inhalts-Uebersicht.

Bilinguis von Aksum (Griechisch).

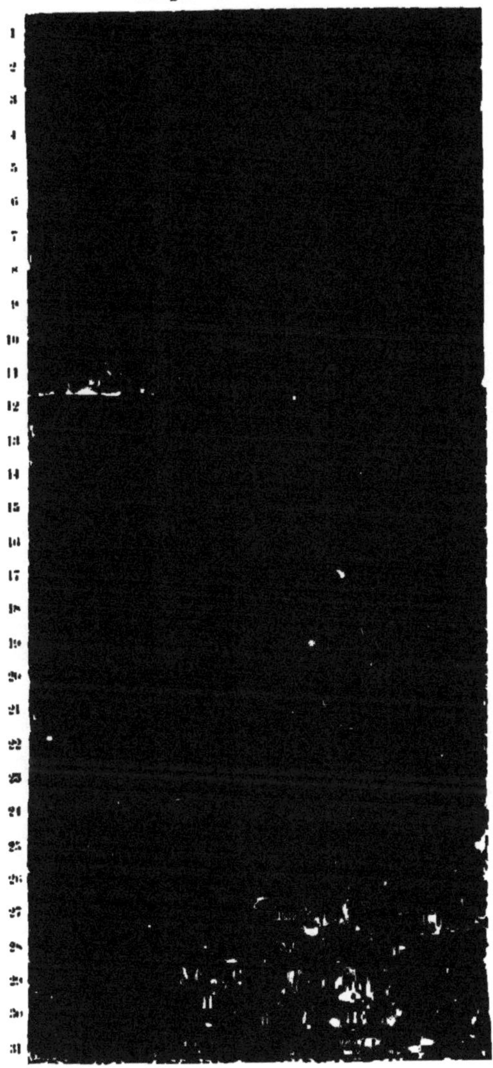

1 : 8

Bent III (Rüppell I).

1 : 5

Bent IV (Rüppell II).

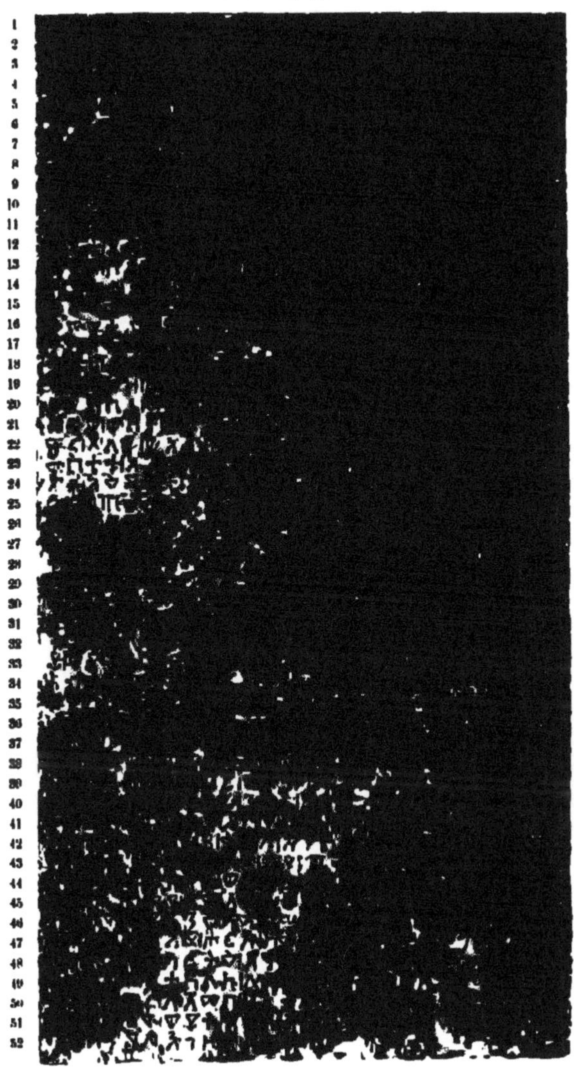

1 : 4

Bilinguis von Aksum (altäthiopisch).

1 : 6

	Sabäisch	Grundform	û	i	â	ê	ĕ	ô
H	𐩠, 𐩠	ሀ	ሁ, ሁ 1 8. 2 18, 20, 34.		ሃ 1 12, 18	ሄ 2 18	ህ 1 13, 21	ሆ 2 22, 26.
L	𐩡	ለ		ሊ 1 10, 16. 2 47	ላ 1 12. 2 29, 39.	ሌ 1 2. 2 10, 25, 26, 38	ል 1 3 etc.	ሎ, ሎ 1 37. 2 18, 17, 19, 38, 50.
Ḥ	𐩢, 𐩢	ሐ		ሒ 2 16.		ሔ 1 4, 27, 28. 2 15, 34, 51.	ሕ 1 2, 5, 15, 23, 25, 29. 2 27, 28, 29	ሖ 2 47.
M	𐩣, 𐩣	መ	ሙ 2 12, 14, 16.	ሚ, ሚ 1 1. 2 2.	ማ 1 15. 2 5, 10, 20, 22, 26, 28, 30	ሜ 1 2. 2 4.	ም 1 2 etc.	ሞ 1 4. 2 21, 28, 47.
Š	𐩦, 𐩦	ሠ						ሦ 2 4, 16, 20, 36.
R	𐩧, 𐩧	ረ	ሩ 2 19, 27.	ሪ 2 11, 18, 22, 26, 28, 38.	ራ 1 9, 10, 12, 25. 2 16, 30, 35.	ሬ 2 26.	ር 1 5 etc.	ሮ 2 12, 38, 50.
S	𐩯	ሰ	ሱ 1 2. 2 2, 28.	ሲ 2 12, 29, 31, 33	ሳ 1 22	ሴ 2 21, 25, 39, 40.	ስ, ስ, ስ 1 2, 9, 18, 19, 20	ሶ 1 7. 2 36.
Q	𐩤	ቀ, ቀ 2 18 etc.	ቁ 1 17. 2 6.	ቂ 1 20. 2 42.			ቅ 1 17, 20. 2 17, 42.	ቆ 2 16.
B	𐩨	በ	ቡ 2 25		ባ, ባ 1 11. 2 7, 35.	ቤ 1 7. 2 13, 25.	ብ 1 1 etc.	ቦ 1 26. 2 50.
T	𐩩	ተ	ቱ 1 15, 27. 2 50.	ቲ 2 20, 24, 37, 38.	ታ 2 25.	ቴ 2 23, 39.	ት 1 5, 17, 20, 38. 2 48.	ቶ 1 6, 14, 26. 2 50.
Ḫ	𐩭, 𐩭	ኀ			ኃ (?) 2 14.		ኅ 1 23. 2 21, 37.	
N	𐩬	ነ	ኑ 2 20.	ኒ 1 30. 2 13, 29, 45, 50.	ና 1 18. 2 25, 26.	ኔ 1 6, 14. 2 34.	ን 1 2 etc.	ኖ, ኖ 2 7, 9, 19, 30.
ʾ	𐩱	አ	ኡ 1 16.	ኢ 1 5. 2 4, 11.	ኣ 2 18	ኤ 1 17.	እ 1 1 etc.	ኦ 2 33.
K	𐩫	ከ	ኩ 2 15, 16, 18.		ካ 1 4, 21. 2 17, 43	ኬ 2 15.	ክ 1 2, 14, 18. 2 2.	ኮ 1 7, 18. 2 27, 38.
W	𐩥, 𐩥	ወ		ዊ, ዊ 1 9, 12. 2 26, 33.	ዋ 1 19. 2 6, 11, 12, 16, 41.	ዌ, ዌ 1 9, 10. 2 30, 38.	ው 1 9, 12 etc.	ዎ 1 13, 14, 25. 2 17.
ʿ	𐩲	ዐ		ዒ 2 18.	ዓ 1 12.	ዔ 2 48.	ዕ 1 14, 15, 17, 19. 2 16, 31.	
Z	𐩸	ዘ	ዙ 2 21.	ዚ 2 15, 34, 40, 52.	ዛ 1 23. 2 30, 36.		ዝ, ዝ 1 8, 24.	
J	𐩺	የ			ያ 1 4. 2 11, 18, 20.		ይ, ይ 1 3.	ዮ 2 12, 46, 47.
D	𐩵	ደ	ዱ 2 51.	ዲ, ዲ 1 7. 2 13.	ዳ, ዳ 1 1, 3. 2 21, 29, 30		ድ, ድ 1 12, 17, 19, 26. 2 48.	ዶ 2 12, 15.
G	𐩴	ገ	ጉ 1 2. 2 1, 2, 31.		ጋ, ጋ 1 4, 7, 16.	ጌ 1 15.	ግ 1 6, 11.	
Ṣ	𐩮	ጸ		ጺ 2 19.	ጻ 2 40.		ጽ 1 4, 26. 2 35, 48.	
Ḍ	𐩳	ፀ				ፄ 1 13, 29. 2 23.	ፅ 2 48.	
F	𐩰, 𐩰	ፈ	ፉ 2 32.				ፍ 1 7. 2 9, 21, 29, 34	ፎ 2 14.

Schrifttafel,

die Entwicklung des äthiopischen Alphabets darstellend.